Todos los libros de Linkgua Ediciones cuentan con modelos de Inteligencia Artificial entrenados por hispanistas. Pregúntale al chat de tu libro lo que desees acerca de la obra o su autor/a.

Para ebooks: Accede a nuestro modelo de IA a través de este enlace.

Para libros impresos: Escanea el código QR de la portada con tu dispositivo móvil.

Obtén análisis detallados de nuestros libros, resúmenes, respuestas a tus preguntas y accede a nuestras ediciones críticas generativas para una experiencia de lectura más enriquecedora.

La transparencia y el respeto hacia la autoría de las fuentes utilizadas son distintivos básicos de nuestro proyecto. Por ello, las respuestas ofrecen, mediante un sistema de citas, las fuentes con las que han sido elaboradas.

Catalina de Erauso

La historia de la monja alférez

Edición anotada por Joaquín María de Ferrer

Barcelona 2024
Linkgua-ediciones.com

Créditos

Título original: La historia de la monja alférez.

e-mail: info@linkgua.com

Diseño de cubierta: Michel Mallard.

ISBN rústica ilustrada: 978-84-9007-594-4.
ISBN tapa dura: 978-84-9953-669-9.
ISBN ebook: 978-84-9897-640-3.

Sumario

Brevísima presentación

La vida

Aquí se cuenta la vida de Catalina de Erauso, quien tras abandonar el convento de San Sebastián, se vistió como hombre y se fue a América, donde alcanzó el grado de alférez.

Catalina mató a muchos en duelos y reyertas, entre ellos un hermano, y tuvo varios escarceos amorosos con otras mujeres. Fue detenida en Perú y condenada a muerte tras otra de sus habituales trifulcas. Entonces se supo que era virgen y el obispo de la región la perdonó.

De regreso a España fue recibida por el rey, que respetó su grado militar y le autorizó a usar un nombre y atuendos masculino y el mismísimo Papa le perdonó su cambio de identidad sexual.

Tras estas aventuras regresó a América, esta vez a México, abrió un negocio y vivió con identidad masculina hasta su muerte.

La historia de la monja alférez

Capítulo I. Su patria, padres, nacimiento, educación, fuga y correrías por varias partes de España

Nací yo, doña Catalina de Erauso, en la villa de San Sebastián, de Guipúzcoa, en el año de 1585 hija del capitán don Miguel de Erauso y de doña María Pérez de Galarraga y Arce, naturales y vecinos de aquella villa. Criáronme mis padres en su casa, con otros mis hermanos, hasta tener cuatro años. En 1589 me entraron en el convento de San Sebastián el Antiguo, de dicha villa, que es de monjas dominicas, con mi tía doña Úrsula de Unzá y Sarasti, prima hermana de mi madre y priora de aquel convento, en donde me crié hasta tener quince años, en que se trató de mi profesión.

Estando en el año de noviciado, ya cerca del fin, me ocurrió una reyerta con una monja profesa llamada doña Catalina de Aliri, que, siendo viuda, entró y profesó. Era ella robusta y yo muchacha; me maltrató de mano y yo lo sentí. A la noche del 18 de marzo de 1600, víspera de San José, levantose el convento a media noche a maitines. Entré en el coro y hallé allí arrodillada a mi tía, la cual me llamó, y dándome la llave de su celda, me mandó traerle el breviario. Yo fui por él. Abrí y lo tomé, y viendo en un clavo colgadas las llaves del convento, dejeme la celda abierta y volvile a mi tía su llave y el breviario. Estando ya las monjas en el coro y comenzados los maitines con solemnidad, a la primera lección llegué a mi tía y le pedí licencia, porque estaba mala. Mi tía, tocándome con la mano en la cabeza, me dijo: «Anda, acuéstate». Salí del coro, tomé una luz y fuime a la celda de mi tía; tomé allí unas tijeras, hilo y una aguja; tomé unos reales de a ocho que allí estaban, y tomé las llaves del convento y me salí. Fui abriendo puertas y emparejándolas, y en la última dejé mi escapulario y me salí a la calle, que nunca había visto, sin saber por dónde echar ni adónde ir. Tiré no sé por dónde, y fui a dar en un castañar que está fuera y cerca de la espalda del convento. Allí acogime y estuve tres días trazando, acomodando y cortando de vestir. Híceme, de una basquiña de paño azul con que me hallaba, unos calzones, y de un faldellín verde de perpetuán que traía debajo, una ropilla y polainas; el hábito me lo dejé por allí, por no saber qué hacer con él. Corteme el pelo, que tiré y a la tercera noche, deseando alejarme, partí no sé por dónde, calando caminos y pasando lugares, hasta venir a dar en Vitoria, que dista de San Sebastián cerca de veinte leguas, a pie, cansada y sin haber comido más que hierbas que topaba por el camino.

Entré en Vitoria sin saber adónde acogerme. A los pocos días encontré al doctor don Francisco de Cerralta, catedrático de allí, el cual me recibió fácilmente, sin conocerme, y me vistió. Era casado con una prima hermana de mi madre, según luego entendí; pero no me di a conocer. Estuve con él cosa de tres meses, en los cuales, viéndome él leer bien el latín, se me inclinó más y me quiso dar estudio; pero como yo rehusara, me porfió y me instaba hasta ponerme las manos. Yo, con esto, determiné dejarle, e hícelo así. Cogile unos cuartos, y concertándome en 12 reales con un arriero que partía para Valladolid, que dista cuarenta y cinco leguas, partí con él.

Entrado en Valladolid, donde estaba entonces la Corte, me acomodé en breve por el paje de don Juan de Idiáquez, secretario del rey, el cual me vistió luego bien. Allí me llamé Francisco Loyola y estuve bienhallado siete meses. Al cabo de ellos, estando una noche a la puerta con otro paje compañero, llegó mi padre, preguntándonos si estaba en casa el señor don Juan.

Respondió mi compañero que sí. Dijo mi padre que le avisase que estaba él allí, y subió el paje, quedándome yo con mi padre, sin hablarnos palabra ni él conocerme. Volvió el paje, diciendo que subiese, y subió, yendo yo tras de él. Salió con Juan a la escalera, y, abrazándole, dijo: «¡Señor capitán, qué buena venida es ésta!». Mi padre habló de modo que él conoció que traía disgusto, y despidiendo una visita con que estaba, volvió y sentáronse, preguntándole qué había de nuevo. Mi padre dijo cómo se le había ido del convento aquella muchacha, y esto le traía por los contornos en su busca. Don Juan mostró sentirlo mucho, por el disgusto de mi padre y por lo que a mí me quería, y de otra parte, por aquel convento, de donde él era patrono por fundación de sus pasados, y por lo que tocaba a aquel lugar, de donde era él natural.

Yo, que oí la conversación y sentimiento de mi padre, salime atrás y fuime a mi aposento. Cogí mi ropa y salí, llevándome cosa de 8 doblones con que me hallaba, y fuime a un mesón, donde dormí aquella noche y donde entendí a un arriero que partía por la mañana a Bilbao. Ajusteme con él, y partimos a otro día, sin saberme yo qué hacer ni adónde ir, sino dejarme llevar del viento como una pluma.

Pasado un largo camino, me parece como de cuarenta leguas, entré en Bilbao, donde no encontré albergue, ni comodidad, ni sabía qué hacerme. Entretanto dieron allí unos muchachos en reparar en mí y cercarme, hasta que viéndome fastidiado, hube de hallar unas piedras y hube de lastimar a uno, no sé dónde, porque no lo vi. Prendiéronme y me tuvieron en la cárcel un largo mes, hasta que él hubo de sanar y me soltaron, quedándose por allá unos cuartos sin mi gasto preciso.

De allí, luego que salí, me pasé a Estella, de Navarra, que distará veinte leguas a lo que me parece. Entré en Estella, donde me acomodé por paje de don Carlos de Arellano, del hábito de Santiago, en cuya casa y servicio estuve dos años, bien tratado y bien vestido. Pasado este tiempo, sin más causa que mi gusto, dejé aquella comodidad y me pasé a San Sebastián, mi patria, diez leguas distante de allí, y donde me estuve, sin ser de nadie conocido, bien vestido y galán. Y un día oí misa en mi convento, la cual misa oyó también mi madre, y vide que me miraba y no me conoció, y acabada la misa, unas monjas me llamaron al coro, y yo, no dándome por entendido, les hice muchas cortesías y me fui. Era esto entrado ya el año de 1603.

Paseme de allí al puerto de Pasajes, que dista una legua, donde hallé al capitán Miguel de Berroiz, de partida con un navío suyo para Sevilla. Pedile que me llevase, y ajustándome con él en 40 reales, embarqué y partimos, llegando bien en breve a Sanlúcar. Desembarcado en Sanlúcar, partí para ver Sevilla, y aunque me convidaba a detenerme, estuve allí solo dos días, volviendo luego a Sanlúcar. Hallé allí al capitán Miguel de Echarreta, natural de mi tierra, que lo era de un patache de galeones, de que era general don Luis Fernández de Córdoba, y de la armada, don Luis Fajardo, año de 1603, que partía para la Punta de Araya. Senté plaza de grumete en un galeón del capitán Esteban Eguiño, tío mío, primo hermano de mi madre, que vive hoy en San Sebastián, y embarqué y partimos de Sanlúcar, Lunes Santo, año de 1603.

Capítulo II. Parte de Sanlúcar para Punta Araya, Cartagena, Nombre de Dios y Panamá

Pasé algunos trabajos en el camino por ser nuevo en el oficio. Inclinóseme mi tío sin conocerme, y haciéndome agasajos, oído de dónde era y el nombre supuesto de mis padres, que yo di, tuve en él gran arrimo. Llegamos a Punta de Araya y hallamos allí una armadilla enemiga fortificada en tierra, y nuestra armada la echó. Arribamos finalmente a Cartagena de las Indias, y estuvimos allí ocho días.

Híceme borrar de la plaza de grumete y pasé a servir al dicho capitán Eguiño, mi tío. De allí pasamos a Nombre de Dios, donde estuvimos nueve días, muriéndosenos en ellos mucha gente, lo cual hizo dar mucha prisa a salir.

Estando ya embarcada la plata y aprestado todo para partir de vuelta a España, yo le hice un tiro cuantioso a mi tío, cogiéndole 500 pesos. A las diez de la noche, cuando él estaba durmiendo, salí y dije a los guardas que me enviaba a tierra el capitán a un negocio. Como me conocían, dejáronme llanamente pasar, y salté a tierra; pero nunca más me vieron. De allí a una hora dispararon pieza de leva y zarparon hechos a la vela.

Levada ya la flota, me acomodé allí con el capitán Juan de Ibarra, factor de las cajas de Panamá, que hoy vive. De allí a cuatro o seis días nos partimos para Panamá, donde él residía y donde estuve con él cosa de tres meses. Hacíame poca comodidad, que era escaso, y hube allí de gastar cuanto de mi tío había traído, hasta no quedarme ni un cuarto, con lo cual me despedí para buscar por otra parte mi remedio.

Haciéndome mi diligencia descubrí allí a Juan de Urquiza, mercader de Trujillo, y acomodeme con él, y con él me fue muy bien, y estuvimos en Panamá tres meses.

Capítulo III. De Panamá pasa con su amo Urquiza, mercader de Trujillo, al puerto de Paita y a la villa de Saña

De Panamá partí con mi amo Juan de Urquiza, en una fragata, para el puerto de Paita, donde él tenía un gran cargamento. Llegando al puerto de Manta, nos cargó un tiempo tan fuerte que dimos al través, y los que supimos nadar, como yo, mi amo y otros, salimos a tierra; los demás perecieron. En el dicho puerto de Manta nos volvimos a embarcar en un galeón del rey que allí hallamos y costó dinero, y en él partimos y llegamos al puerto de Paita, donde halló mi amo toda su hacienda, como esperaba, cargada en una nao del capitán Alonso Cerrato, y dándome a mí orden de que toda, por sus números, la fuese remitiendo allá, partió.

Yo puse luego por obra lo que me mandó y fui descargando la hacienda por sus números, y por ellos fuila remitiendo. Mi amo, en Saña, que dista de Paita unas sesenta leguas, fue recibiéndola, y a lo último, con las últimas cargas, yo partí de Paita y llegué a Saña.

Llegado a Saña, me recibió mi amo con gran cariño, mostrándose contento de lo bien que lo había hecho, y con todo buen trato, hízome luego al punto dos vestidos muy buenos, uno negro y otro de color. Púsome en una tienda suya, entregándome por géneros y por cuenta mucha hacienda, que importó más de 130.000 pesos, poniéndome por escrito en un libro los precios a como había de vender cada cosa. Dejome dos esclavos que me sirviesen y una negra que me guisase, señalándome 3 pesos para el gasto de cada día, y hecho esto, cargó él con la demás hacienda y se fue con ella a Trujillo, distante de allí treinta y dos leguas.

También me dejó escrito y advertido en el dicho libro las personas a quienes podía fiar la hacienda que pidiesen y quisiesen llevar, por ser de su satisfacción y seguras, pero con cuenta y razón y asentando cada partida en el libro. Y especialmente me advirtió esto, para en cuanto a mi señora doña Beatriz de Cárdenas, persona de toda su satisfacción y obligación. Fuese él a Trujillo y yo me quedé en Saña con mi tienda, vendiendo conforme a la pauta que él me dejó y cobrando y asentando en mi libro, con día, mes y año, género, varas, nombre de compradores y precios; de la misma suerte con lo fiado.

Comenzó mi señora doña Beatriz de Cárdenas a sacar ropas, prosiguió y fue sacando tan largamente, que yo llegué a dudar, y sin dárselo a ella a entender, se lo escribí todo por extenso al amo a Trujillo. Respondiome que estaba muy bien todo, y que en este particular de la señora, si toda la tienda entera me la pedía, se la podía entregar; con lo cual, y guardando yo esta carta, proseguí.

¡Quién me dijera que esta serenidad me durase poco tiempo y que presto de ella había de pasar a grandes trabajos! Estando un día de fiesta en la comedia, en un asiento que había tomado, y sin más atenciones, un fulano Reyes, vino y me puso otro tan delante y tan arrimado que me impedía la vista. Pedile que lo apartara un poco, respondió desabridamente, y yo a él, y díjome que me fuera de allí o me cortaría la cara. Yo me hallé sin armas, solo una daga, y me salí de allí con sentimiento, atendido por unos amigos, que me siguieron y sosegaron. A la mañana siguiente, lunes, estando yo en mi tienda vendiendo, pasó por la puerta el Reyes y volvió a pasar. Yo, que reparé en ello, cerré la tienda, tomé un cuchillo y fuime a buscar a un barbero e hícelo amolar y picar el filo como una sierra, y poniéndome luego mi espada, que fue la primera que ceñí, vide a Reyes delante de la iglesia paseando con otro, y me fui a él, diciéndole por detrás: «¡Ah, señor Reyes!». Volviose él, y dijo: «¿Qué quiere?». Dije yo: «Ésta es la cara que se corta», y dile con el cuchillo un refilón que le valió diez puntos. Él acudió con las manos a la herida; su amigo sacó la espada y vino a mí y yo a él con la mía. Tiramos los dos, y yo le entré una punta por el lado izquierdo, que lo pasó y cayó.

Al punto me entré en la iglesia, que estaba allí; pero al punto entró el corregidor, don Mendo de Quiñones, del hábito de Alcántara, y me sacó arrastrando y me llevó a la cárcel, la primera que tuve, y me echó grillos y me metió en un cepo. Yo avisé a mi amo, Juan de Urquiza, que estaba en Trujillo, treinta y dos leguas de Saña. Vino al punto, habló al corregidor e hizo otras buenas diligencias, con que alcanzó el alivio de las prisiones. Fue siguiendo la causa y fui restituido a la iglesia, de donde fui sacado después de tres meses de pleito y procedimiento del señor obispo. Estando esto en tal estado, dijo mi amo que para salir del conflicto y no perder la tierra y acabar con el sobresalto de que me mataran, había pensado una cosa conveniente, y era que me casase yo con doña Beatriz de Cárdenas, con cuya sobrina estaba casado aquel fulano Reyes a quien corté la cara; con esto se sosegaría todo.

Es de saber que esta doña Beatriz de Cárdenas era dama de mi amo, y él miraba a tenernos seguros: a mí para servicio y a ella para gusto. Y parece que esto, tratado entre los dos, lo acordaron, porque después que fui restituido a la iglesia, salía de noche e iba a la casa de aquella dama, y ella me acariciaba mucho, y con son de temor a la justicia, me pedía que no volviera a la iglesia de noche y me quedase allá. Y una noche me encerró y declaró que a pesar del diablo había de dormir con ella; apretándome en esto tanto, que tuve que alargar la mano y salirme. Luego dije a mi amo que de tal casamiento no había qué tratar, porque por todo el mundo yo no haría; a lo cual él porfió y me prometió montes de oro, representándome la hermosura y prendas de la dama, y la salida de aquel pesado negocio y otras conveniencias, sin embargo de lo cual persistí en lo dicho. En vista de ello, trató mi amo de pasarme a Trujillo con la misma tienda y comodidad, y vine en ello.

Capítulo IV. De Saña pasa a Trujillo. Mata a un hombre

Pasé a la ciudad de Trujillo, obispado sufragáneo de Lima, adonde me tenía tienda mi amo. Entré en ella y fui despachando en la misma conformidad que en Saña, y con otro libro como el pasado, con razón del modo, precios y fiados. Sería pasados dos meses cuando una mañana, como a las ocho, pagando yo en mi tienda una libranza de mi amo de unos 24.000 pesos, entró un negro y me dijo que estaban a la puerta unos hombres que parecían traer broqueles. Diome cuidado. Desperté al cobrador, tomando carta de pago, y envié a llamar a Francisco Zerain, que vino luego, y reconoció al entrar a tres hombres que allí estaban, y que eran Reyes, aquel su amigo a quien en Saña derribé de una estocada, y otro. Salimos a la calle, encargando al negro cerrar la puerta, y luego al punto se nos arrojaron. Recibímoslos y fuimos bregando y, a poco rato quiso mi mala suerte que al amigo de Reyes le entrara yo una punta no sé por dónde, y cayó. Con sangre de ambas partes seguimos batallando dos a dos.

A este tiempo llegó el corregidor, don Ordoño de Aguirre, con dos ministros, y echome mano. Francisco Zerain se valió de los pies y entró en sagrado. Llevándome el propio corregidor a la cárcel, que los ministros se ocupaban de los otros, íbame preguntando quién era y de dónde, y oído que vizcaíno, me dijo en vascuence que al pasar por la iglesia mayor le soltase la pretina, por donde me llevaba asido, y me acogiese. Yo tuve buen cuidado e hícelo así; entreme en la iglesia mayor y él quedó braveando. Acogido allí, avisé a mi amo, que estaba en Saña. Vino en breve y fue tratando mi despacho; pero no se halló camino, porque al homicidio agregaron no sé qué cosas, con lo que hubo de resolverse en que pasara a Lima. Di mis cuentas, y mi amo hízome dos vestidos, diome 2.600 pesos y carta de recomendación, y partí.

Capítulo V. Parte de Trujillo a Lima

Partido de Trujillo a Lima, y andadas más de ochenta leguas entré en la ciudad de Lima, cabeza del opulento reino del Perú, que comprende ciento dos ciudades de españoles, sin contar muchas villas, veintiocho obispados y arzobispados, ciento treinta y seis corregidores y las Audiencias reales de Valladolid, Granada, Charcas, Quito, Chile y La Paz. Tiene Lima arzobispo, iglesia catedral parecida a la de Sevilla, aunque no tan grande, con cinco dignidades, diez canónigos, seis raciones enteras y seis medias, cuatro curas, siete parroquias, doce conventos de frailes y de monjas, ocho hospitales, una ermita (inquisición y otra en Cartagena, Universidad... Tiene virrey y Audiencia real, que gobierna el resto del Perú, y otras grandiosidades.

Di mi carta a Diego de Solarte, mercader muy rico, que es ahora cónsul mayor de Lima, y a quien me remitió Juan de Urquiza, el cual me recibió luego en su casa con mucho agrado y afabilidad, y a pocos días me entregó su tienda, señalándome 600 pesos al año, y allí lo fui haciendo muy a su agrado y contento.

Al cabo de nueve meses me dijo que buscase mi vida en otra parte, y fue la causa que tenía en casa dos doncellas, hermanas de su mujer, con las cuales, y sobre todo con una que más se me inclinó, solía yo jugar y triscar. Y un día, estando en el estrado peinándome acostado en sus faldas y andándole en las piernas, llegó acaso a una reja, por donde nos vio y oyó a ella que me decía que fuese al Potosí y buscase dineros y nos casaríamos. Retirose, y de allí a poco me llamó, me pidió y tomó cuentas, y despidiome y me fui.

Hallábame desacomodado y muy remoto de favor. Estábanse allí entonces levantando seis compañías para Chile; yo me llegué a una y senté plaza de soldado, y recibí luego 280 pesos, que me dieron de sueldo. Mi amo, Diego de Lasarte, que lo supo, lo sintió mucho, que parece que no lo decía por tanto. Ofreciome hacer diligencias con los oficiales para que me borrasen de la plaza y volver el dinero que recibí; pero no vine en ello, diciendo que era mi inclinación andar y ver mundo. En fin, asentada la plaza en la compañía del capitán Gonzalo Rodríguez, partí de Lima en tropa de mil seiscientos hombres, de que iba por maestro de campo Diego Bravo de Sarabia, para la ciudad de la Concepción, que dista de Lima quinientas cuarenta leguas.

Capítulo VI. Llega a la Concepción de Chile y halla allí a su hermano. Pasa a Paicabí, y hallándose en la batalla de Valdivia, gana una bandera. Vuelve a la Concepción, mata a dos y a su propio hermano

Llegamos al puerto de la Concepción en veinte días que se tardó en el camino. Es ciudad razonable, con título de noble y leal, y tiene obispo. Fuimos bien recibidos por la falta de gente que había en Chile. Llegó luego orden del gobernador, Alonso de Ribera, para desembarcarnos, y trájola su secretario, el capitán Miguel de Erauso. Luego que oí su nombre me alegré y vi que era mi hermano, porque aunque no le conocía ni había visto porque partió de San Sebastián para estas partes siendo yo de dos años, tenía noticias de él, si no de su residencia. Tomó la lista de la gente, fue pasando y preguntando a cada uno su nombre y patria, y llegando a mí y oyendo mi nombre y patria, soltó la pluma y me abrazó y fue haciendo preguntas por su padre, y su madre, y hermanos, y por su querida Catalina, la monja. Yo fui a todo respondiendo como podía, sin descubrirme ni caer él en ello. Fue prosiguiendo la lista, y en acabando me llevó a comer a su casa y me senté a comer. Díjome que aquel presidio que yo llevaba de Paicabí era de mala pasadía de soldados; que él hablaría al gobernador para que me mudase de plaza. En comiendo subió a ver al gobernador, llevándome consigo. Diole cuenta de la gente que venía y pidió de merced que mudase a su compañía a un mancebito que venía allí de su tierra, que no había visto otro de allá desde que salió. Mandome entrar el gobernador, y en viéndome, no sé por qué, dijo que no me podía mudar. Mi hermano lo sintió y saliose; pero de allí a un rato llamó a mi hermano el gobernador, y díjole que fuese como pedía.

Así, yéndose las compañías, quedé yo con mi hermano por su soldado, comiendo a su mesa casi tres años sin haber dado en ello. Fui con él algunas veces a casa de una dama que allí tenía, y de ahí, algunas otras veces, me fui sin él, y alcanzó a saberlo concibió mal y díjome que allí no entrase. Acechome y me cogió otra vez, y esperándome, al salir me embistió a cintarazos y me hirió en una mano. Fue forzoso defenderme, y al ruido acudió el capitán Francisco de Aillón, y metió paz; pero yo me hube de entrar en San Francisco por temor al gobernador, que era fuerte y lo estuvo en esto, aunque mi hermano intercedió, hasta que vino a desterrarme a Paicabí, y sin remedio hube de irme, y estuve allí tres años.

Hube de salir a Paicabí y pasar allí algunos trabajos por tres años, habiendo antes vivido alegremente. Estábamos siempre con las armas en la mano, por la gran invasión de los indios que allí hay, hasta que vino finalmente el gobernador Alonso de Sarabia con todas las compañías de Chile. Juntámonos otros cuantos con él y alojámonos en los llanos de Valdivia, en campaña rasa, cinco mil hombres, con harta incomodidad. Tomaron y asaltaron los indios la dicha Valdivia. Salimos a ellos, y batallamos tres o cuatro veces, maltratándolos siempre y destrozándolos; pero llegándoles la vez última socorro, nos fue mal y nos mataron mucha gente, y capitanes, y a mi alférez, y se llevaron la bandera. Viéndola llevar, partimos tras ella yo y dos soldados de a caballo, por medio de gran multitud, atropellando y matando y recibiendo daño. En breve cayó muerto uno de los tres. Proseguimos los dos y llegamos hasta la bandera; pero cayó de un bote de lanza mi compañero. Yo, con un mal golpe en una pierna, maté al cacique que la llevaba, se la quité y apreté con mi caballo, atropellando, matando e hiriendo a infinidad; pero malherido y pasado de tres flechas y de una lanza en el hombro izquierdo, que sentía mucho; en fin, llegué a mucha gente y caí luego del caballo. Acudiéronme algunos, y entre ellos mi hermano, a quien no había visto y me fue de consuelo. Curáronme y quedamos allí alojados nueve meses. Al cabo de ellos, mi hermano me sacó del gobernador la bandera que yo gané, y quedé alférez de la compañía de Alonso Moreno, la cual poco después se dio al capitán Gonzalo Rodríguez, el primer capitán que yo conocí y holgué mucho.

Fui alférez cinco años. Halleme en la batalla de Purén, donde murió el dicho mi capitán y quedé yo con la compañía cosa de seis meses, teniendo en ellos varios encuentros con el enemigo, con varias heridas de flechas, en uno de los cuales me topé con un capitán de indios, ya cristiano, llamado don Francisco Quispiguacha, hombre rico, que nos traía bien inquietos con varias alarmas que nos tocó, y batallando con él, lo derribé del caballo y se me rindió. Yo lo hice al punto colgar de un árbol, cosa que después sintió el gobernador, que deseaba tenerlo vivo, y diz que por eso no me dio la compañía, y se la dio al capitán Casadevante, reformándome y prometiéndome para la primera ocasión. Se retiró de allí la gente, cada compañía a su presidio, y yo pasé al Nacimiento, bueno solo en el nombre y en lo demás una muerte, con las armas en la mano a todas horas. Allí estuve pocos días, porque vino luego el maestre de campo Álvaro Núñez de Pineda con orden del gobernador, y sacó de allí y de otras guarniciones hasta ochocientos hombres de a caballo para el valle de Purén, entre los cuales fui yo, con otros oficiales y capitanes. Adonde fuimos, en seis meses hicimos muchos daños de talas y quemas de sembrados. Después, el gobernador Alonso de Ribera me dio licencia para volver a la Concepción, y volví con mi plaza a la compañía de Francisco Navarrete, y allí estuve.

Jugaba conmigo la Fortuna, tornando las dichas en azares. Estábame quieto en la Concepción, y hallándome un día en el campo de guardia, entreme con otro amigo alférez en una casa de juego allí junto. Pusímonos a jugar, fue corriendo el juego, y en una diferencia que se ofreció, presentes muchos alrededor, me dijo que mentía como cornudo. Yo saqué la espada y entrésela por el pecho. Cargaron tantos sobre mí, y tantos que entraron al ruido, que no pude moverme; teníame en particular asido un ayudante. Entró el auditor general, Francisco de Párraga, y asiome también fuertemente y zamarreábame haciéndome no sé qué preguntas. Yo decía que delante del gobernador declararía. Entró en esto mi hermano, y díjome en vascuence que procurase salvar la vida. El auditor me cogió por el cuello de la ropilla; yo, con la daga en la mano, le dije que me soltase; zamarreome y le tiré un golpe, atravesándole los carrillos; teníame aún, y le tiré otro y me soltó. Saqué la espada; cargaron muchos sobre mí, y me retiré hacia la puerta, allanando algún embarazo que había, y salí, entrándome en San Francisco, que estaba cerca, y donde supe que quedaban muertos el alférez y el auditor. Acudió luego el gobernador, Alonso García Remón, y cercó la iglesia con soldados, y así la tuvo seis meses. Echó bando prometiendo premio a quien me diese preso y que en ningún puerto se me diese embarcación, y avisó a los presidios y plazas e hizo otras diligencias, hasta que con el tiempo, que lo cura todo, fue templándose este rigor, y fueron arrimándose intercesiones, y se quitaron las guardas, y fue cesando el sobresalto, y yo, quedándome más desahogado y hallando amigos que me visitaron, y se fue cayendo en la urgente provocación del principio y en el aprieto encadenado del lance.

A este tiempo, y entre otros, vino un día don Juan de Silva, mi amigo, alférez vivo, y me dijo que había tenido unas palabras con don Francisco de Rojas, del hábito de Santiago, y lo había desafiado para aquella noche, a las once, llevando cada uno a un amigo, y que él no tenía otro para eso sino a mí. Yo quedé un poco suspenso, recelando si habría allí forjada alguna treta para prenderme. Él, que lo advirtió, me dijo: «Si no os parece, no sea; yo me iré solo, que a otro no he de fiar mi lado». Yo me dije en qué reparaba, y acepté.

En dando la oración, salí del convento y me fui a su casa. Cenamos y parlamos hasta las diez, y en oyéndolas tomamos las espadas y capas, y salimos al puesto señalado. Era la oscuridad tan suma que no nos veíamos las manos; y advirtiéndolo yo, hice con mi amigo, para no desconocernos en lo que se pudiera ofrecer, que nos pusiéramos cada uno en el brazo atado su lenzuelo.

Llegaron los dos, y dijo el uno, conocido en la voz por don Francisco de Rojas: «¿Don Juan de Silva?». Don Juan respondió: «¡Aquí estoy!». Metieron ambos mano a las espadas y se embistieron, mientras estábamos parados el otro y yo. Fueron bregando, y a poco rato sentí que se sintió mi amigo la punta que le había entrado. Púseme luego a su lado, y el otro al lado de don Francisco. Tiramos dos a dos, y a breve rato cayeron don Francisco y don Juan; yo y mi contrario proseguimos batallando, y entrele yo una punta, según después pareció, por bajo de la tetilla izquierda, pasándole, según sentí, coleto de dos antes, y cayó. «¡Ah, traidor —dijo—, que me has muerto!» Yo quise reconocer el habla de quien yo no conocía; preguntele quién era, y dijo: «El capitán Miguel de Erauso». Yo quedé atónito. Pedía a voces confesión, y pedíanla los otros. Fui corriendo a San Francisco, y envié dos religiosos, que los confesaron. Dos expiraron luego; a mi hermano lo llevaron a casa del gobernador, de quien era secretario de guerra. Acudieron con médico y cirujano a la curación, e hicieron cuanto alcanzaron; luego hízole lo judicial, preguntándole el nombre del homicida; y como él clamaba por un poco de vino y el doctor Robledo se lo negaba, diciendo que no convenía, él porfió, el doctor negó y él dijo: «Más cruel anda usted conmigo que el alférez Díaz»; y de ahí a un rato expiró.

Acudió en esto el gobernador a cercar el convento, y arrojose dentro con su guardia; resistieron los frailes, con su provincial, fray Francisco de Otaloza, que hoy vive en Lima, y altercose mucho sobre esto, hasta decirle resueltos unos frailes que mirase bien, que si entraba no había de volver a salir, con lo cual se reportó y retiró, dejando los guardas. Muerto el capitán Miguel de Erauso, lo enterraron en el dicho convento de San Francisco, viéndolo yo desde el coro, ¡sabe Dios con qué dolor! Estuve allí ocho meses, siguiéndose entretanto la causa en rebeldía y no dándome lugar el negocio para presentarme. Hallé ocasión con el amparo de don Juan Ponce de León, que me dio caballo y armas y avivó para salir de la Concepción, y partí a Valdivia y a Tucumán.

Capítulo VII. Parte de la Concepción a Tucumán

Comencé a caminar por toda la costa del mar, pasando grandes trabajos y falta de agua, que no hallé en todo aquello de por allí. Topé en el camino con otros dos soldados de mal andar, y seguimos los tres el camino, determinados a morir antes que dejarnos prender. Llevábamos nuestros caballos, armas blancas y de fuego y la alta providencia de Dios. Seguimos la cordillera arriba, por subida de más de treinta leguas, sin topar en ellas, ni en otras trescientas que anduvimos, ni un bocado de pan, y rara vez agua; algunas hierbezuelas y animalejos y tal o cual raizuela de que mantenernos, y tal o cual indio que huía. Hubimos de matar uno de nuestros caballos y hacerlo tasajos; pero hallémosle solo huesos y pellejo; y de la misma suerte, poco a poco y caminando, fuimos haciendo de los otros, quedándonos a pie y sin podernos tener. Entramos en una tierra fría; tanto, que nos helábamos. Topamos dos hombres arrimados a una peña, y nos alegramos. Fuimos a ellos, saludándolos antes de llegar y, preguntándoles que hacían allí, no respondieron. Llegamos allá, y estaban muertos; helados, las bocas abiertas, como riendo, y causonos eso pavor.

Pasamos adelante, y la noche tercera, arrimándonos a una peña, el uno de nosotros no pudo más, y expiró. Seguimos los dos, y el día siguiente, como a las cuatro de la tarde, mi compañero, llorando, se dejó caer sin poder más andar, y expiró. Hallele en la faltriquera 8 pesos; sin ver adónde, proseguí mi camino, cargado del arcabuz y del pedazo de tasajo que me quedaba, esperando lo mismo que vi en mis compañeros. Ya se comprenderá mi aflicción, cansado, descalzo y lastimados los pies. Me arrimé a un árbol y lloré, y pienso que fue la primera vez que lo hice; recé el rosario, encomendándome a la Santísima Virgen y al glorioso San José, su esposo. Descansé un poco, volvime a levantar y a caminar, y parece que salí del reino de Chile y entré en el de Tucumán, según el temple que reconocí.

Fui caminando, y a la mañana siguiente, rendido en aquel suelo de cansancio y de hambre, vi venir dos hombres a caballo; no supe si afligirme o si alegrarme, ignorando si eran caribes o si gente de paz; sin poder con él, previne mi arcabuz. Llegaron y preguntáronme adónde iba por allí tan apartado. Conocí que eran cristianos, y vi el cielo abierto. Díjeles que iba perdido y no sabía dónde estaba, y que me hallaba rendido, muerto de hambre y sin fuerzas para levantarme. Doliéronse de verme y, apeándose, diéronme de comer lo que llevaban, subiéronme en un caballo y me llevaron a una heredad tres leguas de allí, donde dijeron que estaba su ama y adonde llegamos como a las cinco de la tarde.

Era la señora una mestiza, hija de español y de india; viuda y buena mujer, que, viéndome y oyendo mi derrota y desamparo, se condolió y me recibió bien, y, compadecida, me hizo luego acostar en razonable cama, me dio bien de cenar y me dejó reposar y dormir, con lo que me restauré. A la mañana siguiente me dio bien de almorzar, y, viéndome totalmente falto, me dio un vestido razonable de paño, y fue así tratándome muy bien y regalándome mucho. Era bien acomodada y tenía muy muchas bestias y ganados, y como parece que aportan por allí pocos españoles, parece que me apeteció para su hija.

Al cabo de ocho días que allí me tuvo, me dijo la buena mujer que me quedase allí para gobernar la casa. Yo mostré grande estimación de la merced que me hacía en mi descarrío y ofrecime a servirla cuanto bien yo alcanzase. A pocos días más me dio a entender que tendría a bien que me casase con su hija, que allí consigo tenía; la cual era muy negra y fea como un diablo, muy contraria a mi gusto, que fue siempre de buenas caras. Mostrele gran alegría de tanto bien sin merecerlo yo, y, ofreciéndome a sus pies para que dispusiese de mí como de cosa propia adquirida en derrota, fui sirviéndola lo mejor que supe; vistiome muy galán y entregome francamente su casa y su hacienda. Pasados dos meses, nos vinimos al Tucumán, para allí efectuar el casamiento. Y allí estuve otros dos meses, dilatando el efecto con varios pretextos hasta que no pude más, y, tomando una mula, me partí, y no me han visto más.

Sucediome en este tiempo, en Tucumán, otro caso, y fue de esta manera: que en aquellos dos meses que estuve entreteniendo a la india me amisté casualmente con el secretario del obispo, el cual me festejó y me llevó a su casa varias veces, y allí jugamos, y allí vine a introducirme también con don Antonio de Cervantes, canónigo de aquella iglesia y provisor del obispo, el cual también se me inclinó y acarició y regaló y convidó varias veces a comer; finalmente vino a declararse, diciéndome que tenía una sobrina en casa, mocita de mi edad, de muy relevantes prendas y con buen dote, y que le había parecido desposarla conmigo, que también le había agradado.

Yo me mostré muy rendido al favor y a la voluntad. Vide a la moza y pareciome bien, y enviome un vestido de terciopelo bueno, doce camisas, seis pares de calzones de ruán, unos cuellos de Holanda, una docena de lenzuelos y 200 pesos en una fuente; todo esto de regalo y galantería, no entendiéndose dote. Yo recibilo con grande estimación, y compuse la respuesta lo mejor que supe, remitiéndome a la ida a besarle la mano y ponerme a sus pies. Oculté lo que pude a la india, y en lo demás dile a entender que era para solemnizar el casamiento con su hija, de que aquel caballero había sabido y estimaba mucho, habiéndoseme inclinado. Y hasta aquí llegaba esto cuando monté a caballo y me desaparecí. No he sabido cómo se hubieron después la negra y la provisora.

Capítulo VIII. Parte de Tucumán a Potosí

Partido de Tucumán, como dije, enderecé hacia Potosí, que dista de allí como quinientas cincuenta leguas, en las que tardé más de tres meses, caminado por tierra fría y de lo más despoblada. A poco andado, topé con un soldado que tiraba hacia allá, y me alegré e hicimos el viaje juntos. De allí a poco, de unos baños que estaban en el camino nos salieron tres hombres con monteras y escopetas, pidiendo lo que llevábamos. No hubo modo de detenerlos ni de hacerles creer que no llevábamos qué dar; hubimos de apearnos y hacerles cara, tirándonos unos a otros. Ellos erraron, y cayeron dos; el otro partió huyendo, y volvimos a montar y proseguir.

Finalmente, andando mucho, y pasados varios afanes, llegamos, al cabo de más de tres meses, al Potosí. Entramos sin conocer a nadie, y cada uno echó por su lado, haciendo su diligencia. Yo me topé con Juan López de Arguijo, veinticuatro de la ciudad de la Plata, provincia de Charcas, y acomodeme con él de camarero, que es como mayordomo, con salario, que él me señaló, de 900 pesos al año; entregome doce mil carneros de carga, de la tierra, y ochenta indios, con los que partí para las Charcas, y fuese allá también mi amo. A poco de llegados se le ofreció allí a mi amo disgusto y ciertas contiendas con unos hombres, en que hubo reyertas y prisiones y embargos, con lo que yo hube de despedirme y volverme.

Vuelto a Potosí, aconteció allí poco después el alzamiento de Alonso Ibáñez, siendo corregidor don Rafael Ortiz, del hábito de Santiago, el cual juntó gente para ir contra los alzados, que eran más de ciento, entre la cual gente fui yo; y saliendo a ellos, los encontramos en la calle de Santo Domingo una noche. Preguntoles el corregidor en alta voz: «¡Quién vive!». No respondieron, y se retiraban. Volvió a preguntar lo mismo, y respondieron algunos: «¡La libertad!». Dijo el corregidor, y muchos con él: «¡Viva el rey!», y avanzó a ellos, siguiéndole nosotros, a cuchilladas y balazos. Ellos se defendieron al mismo paso, y fuímosles apretando en una calle, cogidas las espaldas por la otra boca, y cargámoslos de manera que se rindieron. Escapados algunos, prendimos a treinta y seis, entre ellos el Ibáñez; de ellos hallamos muertos siete, y de los nuestros dos; heridos, muchos de ambas partes. Diose tormento a algunos de los aprehendidos, y confesaron pretender alzarse con la ciudad aquella noche. Levantáronse luego tres compañías de gente vizcaína y de las montañas para guardar la ciudad y, pasados quince días, se dio horca a todos ellos, con lo que quedó la ciudad quieta.

De aquí, por algo que acaso hube de hacer o acaso por algo antes hecho, se me dio el oficio de ayudante de sargento mayor, que estuve sirviendo por dos años. Allí, en Potosí, estando sirviendo, dio orden el gobernador, Pedro de Legui, del hábito de Santiago, para levantar gente para los Chuncos y el Dorado, población de indios de guerra, a quinientas leguas de Potosí; tierra tan rica de oro y pedrería. Era maestre de campo Bartolomé de Alba; puso en ejecución el apresto y la partida y, aviado todo, nos partimos del Potosí a los veinte días.

Capítulo IX. Parte del Potosí a los Chuncos

Partidos del Potosí a los Chuncos, llegamos a un pueblo llamado Arzaga, que era de indios de paz, donde estuvimos ocho días; tomamos guías para el camino, y perdímonos, sin embargo, y nos vimos en harta confusión sobre unas lajas, de donde se despeñaron cincuenta mulas, cargadas de bastimentos y municiones, y doce hombres.

Pasando tierra adentro descubrimos unos llanos llenos de infinidad de almendros como los de España, y de olivares y frutas. Quería el gobernador sembrar allí para suplir la falta que llevábamos de bastimentos, y no vino la infantería en ello, diciendo que allí no íbamos a sembrar, sino a conquistar y a coger oro, y que el sustento lo buscaríamos. Pasamos adelante, y al tercer día descubrimos un pueblo de indios, los cuales luego se pusieron en armas. Llegamos y en sintiendo ellos el arcabuz, huyeron desatinados, quedando muertos algunos. Entramos en el lugar sin haber podido coger un indio de quien saber el camino, y al salir, el maestre de campo, Bartolomé de Alba, fatigado de la celada, se la quitó para limpiarse el sudor, y un demonio de un muchacho como de doce años, que estaba enfrente a la salida encaramado en un árbol, le disparó una flecha y se la entró por un ojo y lo derribó, lastimado de tal suerte que expiró al tercer día. Hicimos al muchacho diez mil añicos.

Habíanse entretanto los indios vuelto al lugar, en número de más de diez mil. Volvimos a ellos con tal coraje e hicimos tal estrago, que corría por la plaza abajo un arroyo de sangre como un río, y fuimos siguiéndolos y matándolos hasta pasar el río Dorado. Aquí nos mandó el gobernador retirar, e hicímoslo de mala gana, porque en las casas del lugar se habían hallado unos más de 60.000 pesos en polvo de oro, y en la orilla del río hallaron otros infinito, y llenaron los sombreros. Supimos después que la menguante suele dejarlo allí en más de tres dedos; por lo cual, después, muchos pedimos al gobernador licencia para conquistar aquella tierra, y como él, por razones que tendría, no la diese, muchos, y yo con ellos, nos salimos de noche y nos fuimos, y llegados a poblado de cristianos, fuimos tirando cada uno por su cabo. Yo me fui a Centiago, y de allí a la provincia de las Charcas, con algunos realejos, que poco a poco, y en breve, vine a perder.

Capítulo X. Pasa a la ciudad de la Plata

Pasé a la ciudad de la Plata y acomodeme con el capitán Francisco de Aganumen, vizcaíno, minero muy rico, con quien estuve algunos días, y desacomodeme por cierto disgusto que con otro vizcaíno amigo del amo se me ofreció; acogime, entretanto que me aviaba, a casa de una señora viuda, llamada doña Catalina de Chávez, la más principal y calificada, según decían, que había por allí, la cual, por medio de un su criado con quien acaso me amisté, me prometió acogerme entrentado allí. Sucedió, pues, que el Jueves Santo, yendo a las estaciones esta señora, se topó en San Francisco con doña Francisca Marmolejo, mujer de don Pedro de Andrade, sobrino del conde de Lemos, y sobre lugares se trabaron de palabras, y pasó doña Francisca a darle a doña Catalina con un chapín, levantándose de aquí un ruido y agolpamiento de gente.

Fuese doña Catalina a su casa, y allí acudieron parientes y conocidos, y se trató ferozmente el caso. La otra señora se quedó en la iglesia con el mismo concurso de los suyos, sin atreverse a salir hasta que vino don Pedro, su marido, ya entrada la noche, acompañado de don Rafael Ortiz de Sotomayor, corregidor, que hoy está en Madrid, caballero de Malta, y de los alcaldes ordinarios y ministros, con hachas encendidas, y la sacaron para su casa.

Al ir por la calle que va de San Francisco a la plaza sonó en ésta un ruido de cuchilladas, al cual el corregidor partió, con los alcaldes y ministros, quedando sola la señora con su marido. A este tiempo pasó corriendo un indio hacia el ruido de cuchilladas, y al pasar por junto a la señora doña Francisca Marmolejo le tiró un golpe a la cara, con cuchillo o navaja, y se la cortó de parte a parte, y prosiguió corriendo; lo cual fue tan repentino que el marido, don Pedro, por el momento, no lo advirtió. Advertido, fue grande el alboroto, el ruido, la confusión, el concurso, las cuchilladas de nuevo, las prisiones, y todos sin entenderse.

Entretanto fue el indio a la casa de la señora doña Catalina y dijo a su merced al entrar: «Ya está hecho». Fue prosiguiendo la inquietud y los temores de grandes daños; hubo de resultar algo de las diligencias, y al tercer día el corregidor se entró en casa de doña Catalina y la halló sentada en su estrado. Recibíale juramento y preguntola si sabía quién había cortado la cara a doña Francisca Marmolejo, y respondió que sí. Preguntole quién fue; respondió: «Una navaja y esta mano». Y con esto se salió, dejándola guardas.

Fue examinando la gente de la casa; llegó a un indio, atemorizole con el potro, y el menguado declaró que me vio salir de casa con aquel vestido y cabellera de indio, que me dio su señora, y que la navaja la trajo Francisco Ciguren, barbero vizcaíno, y que me vio volver y oyó decir: «Ya está hecho». Pasó y nos prendió a mí y al barbero, en el cual él, luego, declaró lo suyo y lo ajeno, con lo cual el alcalde pasó a mí y recibió confesión. Yo negué totalmente saber del caso; luego pasó a mandarme desnudar y poner en el potro; entró un procurador, alegando ser yo vizcaíno y no haber lugar, por tanto, a darme tormento, por razón de privilegio. El alcalde no hizo caso, y prosiguió. Empezaron las vueltas, y yo estuve firme como un roble. Iban prosiguiendo las preguntas y vueltas, cuando éntranle un papel, según entendí después, de doña Catalina de Chávez, que abrió y leyó, y estuvo después mirándome parado un rato, y dijo: «Quítese ese mozo de ahí». Quitáronme y volviéronme a mi prisión, y él se volvió a su casa.

El pleito se fue siguiendo, no sabré decir cómo, hasta que salí sentenciado en diez años, de Chile, sin sueldo; y el barbero, en doscientos azotes y seis años de galeras. De eso apelamos, agenciando paisanos, y se fue siguiendo, no sabré decir cómo, hasta que salió un día sentencia en la Real Audiencia, en que me dieron por libre; y a la señora doña Francisca la condenaron en costas, y salió también el barbero. Que estos milagros suelen acontecer en estos conflictos, y más en Indias, gracias a la bella industria.

Capítulo XI. Pásase a las Charcas

Salido de este aprieto, no pude menos que ausentarme de la Plata, y paseme a las Charcas, distante dieciséis leguas de allí. Volvime a hallar allí al ya dicho Juan López de Arguijo, veinticuatro; entregome diez mil cabezas de carneros de la tierra para con ellos trajinar, con ciento y tantos indios. Entregome una gran partida de dinero para que fuese a los llanos de Cochabamba y comprase trigo y, moliéndolo, lo llevase al Potosí, donde hacía falta y tenía valor. Fui y compré ocho mil fanegas, a 4 pesos; carguelas en los carneros, víneme a los molinos de Guilcomayo, molí tres mil quinientas y partí con ellas al Potosí. Vendilas luego allí a quince pesos y medio, y volvime a los molinos; hallé allí molido parte del resto, y compradores para todo. Vendilo todo a 10 pesos, y me volví a las Charcas con el dinero contado a buscar a mi amo, el cual, vista la buena ganancia, me volvió a mandar a lo mismo a Cochabamba.

Entretanto, en las Charcas un domingo, no teniendo qué hacer, me entré a jugar en una casa de don Antonio Calderón, sobrino del obispo. Estaban allí el provisor, el arcediano y un mercader de Sevilla, allí casado; senteme a jugar con el mercader, fue corriendo el juego, y a una mano dijo el mercader, que estaba ya picado: «Envido». Dije yo: «¿Qué envida?». Volvió a decir: «Envido». Volvile a decir: «¿Qué envida?». Dio un golpe con un doblón, diciendo: «¡Envido un cuerno!». Digo yo: «¡Quiero, y reviro el otro que le queda!». Arrojó los naipes y sacó la daga; yo, la mía, y asiéronnos los presentes, apartándonos, y fuese mudando conversación hasta bien entrada la noche. Salí para irme a casa, y a poco andado, al volver una esquina, doy con él, que saca la espada y se viene a mí. Yo saqué la mía, y nos embestimos; tirámonos un poco, y a poco rato le entré una punta y cayó. Acudió gente al ruido, acudió justicia, que me quiso prender; yo resistime, y recibí dos heridas, y, retirándome, vine a coger iglesia, la mayor. Allí me estuve unos días, advertido de mi amo que me guardase, hasta que una noche, bien reconocida la sazón y el camino, me partí a Piscobamba.

Capítulo XII. Parte de las Charcas a Piscobamba

Llegado a Piscobamba, me acogí en casa de un amigo, Juan Torrico de Zaragoza, donde estuve unos pocos días. Una noche, en cenando, se armó juego con unos amigos que entraron. Senteme con un portugués, Fernando de Acosta, que paraba largo; paró una mano a 14 pesos cada pinta; eché dieciséis pintas contra él, y, viéndolas, se dio una bofetada en la cara, diciendo: «¡Válgame la encarnación del diablo!». Yo dije: «¿Hasta ahora, qué ha perdido usted para desatinarse?». Alargó las manos hasta cerca de mi cara, y dijo: «¡He perdido los cuernos de mi padre!». Tirele la baraja a la suya y saqué la espada; él, la suya. Acudieron los presentes y detuviéronnos y nos compusieron, celebrando y riendo los piques del juego. Él pagó y fuese, al parecer bien tranquilo. De allí a tres noches, viniéndome para casa, como a las once, en una esquina divisé a un hombre parado; tercié la capa, saqué la espada y proseguí mi camino hacia él. Llegando cerca, se me arrojó, tirándome y diciendo: «¡Pícaro cornudo!». Conocido en la voz, fuímonos tirando, y entrele una punta y cayó muerto.

Quedeme un poco pensando qué haría; miré por allí y no sentí quien nos hubiese visto. Fuime a casa de mi amigo Zaragoza, callando mi boca, y acosteme. A la mañana vino el corregidor, don Pedro de Meneses, bien temprano, e hízome levantar y llevome. Entré en la cárcel y echáronme prisiones. A cosa de una hora volvió con un escribano y recibiome declaración. Yo negué saber tal cosa; después me recibieron confesión, y negué. Púsose a acusación, recibiome declaración. Yo negué saber tal cosa; después me recibieron confesión, y negué. Púsose a acusación, recibiose a prueba, hice mi probanza y hecha publicación, vi testigos que no conocí. Salió sentencia de muerte; apelé, y mandose ejecutar, sin embargo. Halleme afligido. Entró un fraile a confesarme, y yo me resistí; él porfió, y yo, fuerte. Fueron lloviendo frailes, que me hundían; yo, hecho un Lutero. Vistiéronme un hábito de tafetán y subieron en un caballo, porque el corregidor se resolvió, respondiendo a los frailes que le instaban que si yo quería irme al infierno, eso a él no le tocaba. Sacáronme de la cárcel, lleváronme por calles no acostumbradas, por recelo de los frailes; llegué a la horca, quitáronme los frailes el juicio a gritos y arrempujones, e hiciéronme subir cuatro peldaños. El que más me afligía era un dominico, fray Andrés de San Pablo, a quien habrá un año vi y hablé en Madrid, en el colegio de Atocha. Hube de subir más arriba; echáronme el volatín, que es el cordel delgado con que ahorcan, el cual el verdugo no me ponía bien, y le dije: «¡Borracho, pónmelo bien o quítamelo, que estos padres bastan!».

Estando en esto entró corriendo un posta de la ciudad de la Plata, despachado por el secretario, por mandato del presidente, don Diego de Portugal, a instancia de Martín de Mendiola, vizcaíno, que supo el pleito en que yo estaba, y entregó en su mano al corregidor un pliego, ante un escribano, en que le mandaba la Audiencia suspender la ejecución de justicia y remitir al preso y los autos a la Real Audiencia, que dista doce leguas de allí. La causa de esto fue rara, y manifiesta la misericordia de Dios. Parece que aquellos testigos de vista que depusieron contra mí en el homicidio del portugués cayeron en manos de la justicia de la Plata, por no sé qué delitos, y fueron condenados a horca, y estando en ella al pie declararon, sin saber el estado mío, que, inducidos y pagados y sin conocerme, habían jurado falso contra mí en aquel homicidio, y por eso la Audiencia, a instancia de Martín de Mendiola, se conmovió y remitió. Llegado este despacho a tal punto, fue grande la alegría del pueblo compasivo. Mandome el corregidor quitar de la horca y llevar a la cárcel, y remitiome con guardas a la Plata. Llegado allí, y visto el proceso, anulado por aquellos hombres al pie de la horca, y no resultando otra cosa contra mí, fui mandado soltar a los veinticuatro días, y estúveme allí otro poco.

Capítulo XIII. Pasa a la ciudad de Cochabamba y vuelve a la Plata

De la Plata me pasé a la ciudad de Cochabamba, a fenecer allí unas cuentas del dicho Juan López de Arguijo con Pedro de Chavarría, natural de Navarra, allí residente, casado con doña María Dávalos, hija del capitán Juan Dávalos, ya difunto, y de doña María de Ulloa, monja en la Plata, en convento que ella allí fundó. Ajustámoslas, y resultó alcance de 1.000 pesos contra el dicho Chavarría, a favor de Arguijo, mi amo, los cuales luego me entregó con mucha bondad y agrado, y me convidó a comer, hospedándome dos días. Luego me despedí y partí, yendo encargado por su mujer de visitar de su parte a su madre, monja en la Plata, y darle muchos recados.

Partido de allí, hube de detenerme, en cosillas que se me ofrecieron con amigos, hasta ya el cabo de la tarde; partí en fin, y hube de volver a pasar por la puerta del dicho Chavarría. Al pasar vide gente en el zaguán, y sonaba ruido dentro. Pareme a entender qué fuese, y en esto me dice doña María Dávalos desde la ventana: «¡Señor capitán, lléveme usted consigo, que quiere matarme mi marido!». Y diciendo y haciendo, se arroja abajo. A esto llegaron dos frailes, y me dijeron: «Llévala usted, que la halló su marido con don Antonio Calderón, sobrino del obispo, y lo ha muerto, y a ella la quiere matar y la tiene encerrada». Y diciendo esto, me la pusieron a las ancas y yo partí en la mula que llevaba.

No paré hasta que, a las once de la noche, llegué al río de la Plata. Había topado en el camino a un criado del dicho Chavarría, que venía de la Plata, y nos hubo de conocer, por más que yo procuré retirar y encubrir, y que avisó a su amo, según la cuenta. Llegado al río me afligí, porque iba grande y me pareció imposible de vadear. Dijo ella: «¡Adelante; pasad, que no hay otro remedio, y ayúdenos Dios!». Apeeme y procuré descubrir vado. Resolvime al que me pareció y volvime a montar, con mi afligida a las ancas, y entré. Fuimos entrando, ayudó Dios, y pasamos. Llegué a una venta que topé allí cerca; desperté al ventero, que se espantó de vernos a tal hora y pasado el río. Cuidé de mi mula y que descansase; dionos unos huevos, pan y frutas; procuramos torcer y exprimir las ropas, y volvimos a partir y andar, y al romper el alba, a cosa de cinco leguas, descubrimos la ciudad de la Plata.

Íbamos en ello algo consolados, cuando, de repente, doña María se ase más fuerte de mí, diciendo: «¡Ay, señor; mi marido!». Volví y vídelo que venía en un caballo, al parecer cansado. No sé, y me admira, cómo pudo ser esto. Porque yo partí de Cochabamba primero, quedando él dentro de casa, y sin detenerme un punto anduve hasta el río, paselo y llegué a la venta, y me detuve allí como una hora y volví a partir.

Fuera de esto, aquel criado que topé en el camino y se lo hubo de decir, algo tardó en llegar y algo tardó él en montar a caballo y partir. ¿Pues cómo él, en el camino, me salió al encuentro? No sé cómo, si no sea que traje yo más rodeo, no sabiendo el camino, y él menos. En fin, desde unos treinta pasos nos disparó una escopeta, y nos erró, pasando las balas tan cerca que las oímos silbar. Yo apreté a mi mula y bajé un cerro embreñado, sin verlo más; que a la cuenta su caballo se le hubo de rendir. Corridas como cuatro leguas largas, desde aquí llegué a la Plata bien fatigado y cansado. Fuime al convento de San Agustín, a la portería, y entregué a doña María Dávalos a su madre.

Volvíame a tomar mi mula, cuando topé con Pedro de Chavarría, que, con la espada en la mano, se arrojó a mí, sin dar lugar a razones. Diome gran cuidado verle, por el repente, por el cansancio con que me cogió y la compasión al engaño con que me tenía por ofensor. Saqué mi espada y hube de procurar la defensa. Entramos en la iglesia con la brega, y allí me entró dos puntas por los pechos sin haberlo yo herido, que debía ser diestro. Sentime y apreté y fuilo retirando hasta el altar. Tirome allí un gran golpe a la cabeza; parelo con la daga y entrele un palmo de espada por las costillas. Acudió ya tanta gente, que no se pudo más, y acudió la justicia y queríanos sacar de la iglesia. En esto, dos frailes de San Francisco, que es allí enfrente, me pasaron y entraron allá, ayudando a ello disimuladamente don Pedro Beltrán, alguacil mayor, cuñado de mi amo, Juan López de Arguijo. En San Francisco, recogido por caridad y asistido en la curación por aquellos padres, estuve retraído cinco meses.

Chavarría se estuvo también curando de sus heridas muchos días; clamando siempre sobre que le entregaran su mujer, sobre lo cual se hicieron autos y diligencias, resistiéndose ella con el manifiesto riesgo de su vida. Aquí acudieron el obispo y el presidente con otros señores, y ajustaron que ambos se entrasen en religión y profesasen: ella, donde estaba, y él, donde quisiese.

Quedaba mi querella. Vino mi amo Juan López de Arguijo, e informó al arzobispo, don Alonso de Peralta, y al presidente y señores, en la verdad y casualidad sana y sin malicia con que obré en el caso, tan diferente de lo entendido por aquel hombre, y que no había más que haber socorrido repentinamente a aquella mujer que se me arrojó, huyendo de la muerte, pasándola a convento con su madre, como ella lo pidió. Lo cual verificado y reconocido, se satisfizo y cesó la querella y prosiguió la entrada en religión de los dos. Salí de la reclusión, ajusté mis cuentas, visité muchas veces a mi monja y a su madre y a otras señoras de allí, las cuales, agradecidas, me regalaron mucho.

Capítulo XIV. Pasa de la Plata a Piscobamba y a la Mizque

Traté de buscar alguna ocupación en que entender. Mi señora, doña María de Ulloa, afecta por lo que la serví, me alcanzó del presidente y Audiencia una comisión para Piscobamba y los llanos de Mizque, para la averiguación y castigo de ciertos delitos de allí denunciados, para lo cual se me señalaron escribano y alguacil, y salimos. Fui a Piscobamba, escribí y prendí al alférez Francisco de Escobar, residente allí y casado, contra quien resultó haber muerto a dos indios alevosamente por robarlos y enterrándolos dentro de su casa, en una cantera, donde hice cavar y los hallé. Fui sentenciando la causa por todos sus términos hasta tener estado, y, conclusa y citadas las partes, di sentencia condenando al reo a muerte. Él apeló; otorguele la apelación, y fue el proceso a la Audiencia de la Plata, con el reo. Allí se confirmó, y lo ahorcaron. Pasé a los llanos de Mizque y ajusté a lo que iba; volví a la Plata, di razón de lo obrado, entregando los autos de Mizque, y estuve después allí unos días.

Capítulo XV. Pasa a la ciudad de la Paz, y mata a uno

Paseme a la Paz, donde me estuve quieto algunos días. Bien ajeno de disgusto, me paré un día a la puerta de don Antonio Barraza, corregidor, a parlar con un criado suyo, y aventando la traza el diablo, vino ello a parar en desmentirme y darme con el sombrero en la cara. Yo saqué la daga, y allí cayó muerto. Cargaron sobre mí tantos, que, herido, me prendieron y entraron en la cárcel. Fuéronme curando y siguiendo la causa al mismo paso, la cual, sustanciada y en estado, acumuladas otras, me condenó el corregidor a muerte. Apelé, y mandose sin embargo ejecutar.

Estuve dos días confesando; el siguiente se dijo la misa en la cárcel, y el santo clérigo, habiendo consumido, me comulgó y volviose al altar. Yo al punto volví la forma que tenía en la boca y recibila en la palma de la mano derecha, dando voces: «¡Iglesia me llamo, Iglesia me llamo!». Alborotose todo y escandalizose, diciéndome todos hereje. Volvió el sacerdote al ruido y mandó que nadie llegase a mí. Acabó su misa, y a esto entró el señor obispo, don fray Domingo de Valderrama, dominico, con el gobernador. Juntáronse clérigos y mucha gente; encendiéronse luces, trajeron palio y lleváronme en procesión, y llegados al sagrario, todos arrodillados, me cogió un clérigo de la mano y la entró en el sagrario. No reparé en qué la puso. Después me rayeron la mano y me la lavaron diferentes veces y me la enjugaron; y despejando luego la iglesia y los señores principales, me quedé allí. Esta advertencia me la dio un santo religioso franciscano, que en la cárcel había dádome consejos y que últimamente me confesó. Cerca de un mes tuvo el gobernador cercada aquella iglesia, y yo allí guarnecido; al cabo del cual quitó las guardias, y un santo clérigo de allí, según yo presumí por orden del señor obispo, reconocido el alrededor y el camino, me dio una mula y dineros y partí al Cuzco.

Capítulo XVI. Pasa a la ciudad del Cuzco

Llegué al Cuzco, ciudad que no reconoce ventaja a Lima en vecinos ni en riqueza; cabeza de obispado, dedicada su Catedral a la Ascensión de Nuestra Señora, servida por cinco dignidades, ocho canónigos, ocho parroquias, cuatro conventos de religiosos franciscanos, dominicos, mercedarios y agustinos; cuatro colegios, dos conventos de monjas y tres hospitales.

Allí estando, me sucedió a pocos días otro fracaso bien pesado, y en realidad y verdad no merecido, porque me hallé ajeno totalmente de culpa, si bien mal opinado. Sucedió allí una noche, impensadamente, la muerte de don Luis de Godoy, corregidor de Cuzco, caballero de grandes prendas y de los más calificados de por allí. Matolo, según se descubrió después, un fulano Carranza, por ciertos piques largos de contar, y como luego no se descubriese, me lo echaron a mí y me prendió el corregidor, Fernando de Guzmán, teniéndome cinco meses bien afligido, hasta que quiso Dios, pasado ese tiempo, que se descubriese la verdad y mi total inocencia en ello, con que salí libre, y partí de allí.

Capítulo XVII. Pasa a Lima. De allí sale contra los holandeses. Piérdese y acógese a su armada. Échanle a la costa de Paita, y desde allí vuelve a Lima

Paseme a Lima en el tiempo en que era virrey del Perú don Juan de Mendoza y Luna, marqués de Montes Claros.

Estaba entonces el holandés batiendo a Lima con ocho bajeles de guerra que allí tenía, y la ciudad estaba en armas. Salimos contra él del puerto del Callao cinco bajeles y embestímosles, y por un grande rato nos iba bien; pero cargó sobre nuestra almiranta de forma que la echó a pique, sin que pudiesen escapar más que tres hombres, que nadando nos acogimos a un navío enemigo, que nos recogió. Éramos: yo, un fraile franciscano descalzo y un soldado, a los cuales ellos nos hicieron mal tratamiento, con burlas y desprecios. Toda la demás gente de la almiranta pereció.

A la mañana, vueltas al puerto del Callao nuestras cuatro naves, de que era general don Rodrigo de Mendoza, se echaron de menos novecientos hombres, entre los cuales me contaron a mí, que iba en la almiranta. Estuve en poder de los enemigos veintiséis días, temiendo yo para mí que me llevarían a Holanda. Al cabo de ellos, a mí y a mis dos compañeros nos echaron en la costa de Paita, cosa de cien leguas de Lima, de donde unos días después, y pasados muchos trabajos, un buen hombre, compadecido de nuestra desnudez, nos vistió, nos encaminó y avió a Lima, y vinimos. Estúveme en Lima unos siete meses, ingeniándome allí lo mejor que pude. Compré un caballo, que me salió bueno y no caro, y andúveme en él unos pocos días, tratándome de partir para el Cuzco. Estando de partida, pasé un día por la plaza, vino a mí un alguacil y me dijo que me llamaba el señor alcalde, don Juan de Espinosa, caballero del Orden de Santiago. Llegué a su merced; estaban allí dos soldados, y así que llegué dijeron: «Éste es, señor. Este caballo es nuestro y nos ha faltado, y de ello daremos luego bastante información». Rodeáronme ministros, y dijo el alcalde: «¿Qué hemos de hacer en esto?». Yo, cogida de repente, no sabía qué decir; vacilante y confusa, parecía delincuente, cuando se me ocurre de pronto quitarme la capa y tapele con ella la cabeza al caballo, y digo: «Señor, suplico a vuestra merced que estos caballeros digan cuál de los ojos le falta a este caballo, si el derecho o si el izquierdo. Que puede ser otro animal y equivocarse estos caballeros». Dijo el alcalde: «Dice bien; digan ustedes a un tiempo de cuál ojo es tuerto ese caballo». Ellos se quedaron confusos. Dijo el alcalde: «Díganlo ustedes a un tiempo». Dijo el uno: «Del izquierdo». Dijo el otro: «Del derecho; digo, del izquierdo». A lo que dijo el alcalde: «Mala razón han dado ustedes y mal concordante». Volvieron ellos, juntos, a decir: «Del izquierdo, del izquierdo decimos ambos, y no es mucho equivocarse». Dije yo: «Señor, aquí no hay prueba, porque uno dice uno, y otro, otro». Dijo uno: «No decimos sino una misma cosa: que es tuerto del ojo izquierdo, y eso iba yo a decir y me equivoqué sin querer; pero luego me enmendé, y digo que del izquierdo». Parose el alcalde, y dije yo: «Señor, ¿qué me manda vuestra merced?». Dijo el alcalde: «Que si no hay más prueba, se vaya usted con

Dios a su viaje». Entonces tiré de mi capa, y dije: «Pues vea vuestra merced cómo ni uno ni otro están en el caso, que mi caballo no es tuerto, sino sano». El alcalde se levantó y llegó al caballo y mirolo y dijo: «Monte usted y váyase con Dios». Y volviéndose a ellos, los prendió. Yo monté y me fui, y no supe en lo que paró aquello, porque me partí para el Cuzco.

Capítulo XVIII. Mata en el Cuzco al nuevo Cid, quedando herida

Volvime a pasar al Cuzco. Hospedeme en casa del tesorero Lope de Alcedo, y allí me estuve unos días. Entreme un día en casa de un amigo a jugar; sentémonos dos amigos, y fue corriendo el juego; arrimose a mí el nuevo Cid, que era un hombre moreno, velloso, muy alto, que con la presencia espantaba, y llamábanle el Cid. Proseguí mi juego, gané una mano, y el Cid entró la suya en mi dinero, sacome unos reales de a ocho y fuese. De allí a poco volvió a entrar y volvió a entrar la mano; sacó puñado y púsoseme detrás. Previne la daga, proseguí el juego, volviome a entrar la mano al dinero, sentilo venir, y con la daga clavele la mano contra la mesa. Levanteme, saqué la espada, sacáronla los presentes, acudieron otros amigos del Cid, apretáronme mucho y diéronme tres heridas; salí a la calle, y tuve ventura, que si no, me hacen pedazos. Salió el primero tras de mí el Cid; tirele una estocada, y advertí que estaba armado como un reloj. Salieron otros, y fuéronme apretando. A este tiempo acertaron a pasar dos vizcaínos, que acudieron al ruido y pusiéronse a mi lado viéndome solo y contra cinco; llevábamos los tres lo peor, retirándonos toda una calle hasta salir a ancho. Llegando cerca de San Francisco, me dio el Cid por detrás con la daga una puñalada, que me pasó la espalda, por el lado izquierdo, de parte a parte; otro me entró un palmo de espada por el lado izquierdo, y caí en tierra echando un mar de sangre.

Con esto unos y otros se fueron; yo me levanté con ansias de muerte y vi al Cid a la puerta de la iglesia; fuime a él y él se vino a mí, diciendo: «Perro, ¿todavía vives?». Tirome una estocada y apartela con la daga y tirele otra, de tal suerte, que se la entré por la boca del estómago, atravesándolo, y cayó pidiendo confesión. Yo caí también; al ruido acudió gente y algunos frailes y el corregidor, don Pedro de Córdoba, del hábito de Santiago, el cual, viendo a los ministros asirme, les dijo: «¿Aquí qué hay que hacer sino confesarlo?». El otro expiró luego. Lleváronme caritativos a casa del tesorero, donde yo paraba; acostáronme; no se atrevió un cirujano a curarme hasta que confesara, por recelo de que expirase. Vio el padre fray Luis Ferrer de Valencia, gran sujeto, y confesome; y viéndome yo morir, declaré mi estado. Él se admiró y me absolvió, y procuró esforzarme y consolarme. Vino el Viático, y lo recibí, y desde allí me pareció sentir esfuerzo.

Entró la curación, y sentila mucho, y con los dolores y el desangre perdí el sentido. Estuve así por catorce horas, y en todo aquel tiempo aquel santo padre Ferrer no se apartó de mí. Dios se lo pague.

Volví en mí llamando a San José; tuve para todo grandes asistencias, que provee Dios en la necesidad; fuéronse pasando los tres días; luego, los cinco, y concibiéronse esperanzas. Luego me pasaron una noche a San Francisco, a la celda del padre fray Martín de Aróstegui, pariente de mi amigo Alcedo, por recelo de la justicia; y allí estuve cuatro meses que me duró la enfermedad. Lo cual, sabido por el corregidor, braveó y puso guardas en los contornos y previno los caminos. Ya mejor, y con certidumbre de que en el Cuzco no podía quedar, determiné, con ayuda y consejos de amigos, mudar tierra, recelando el encono de ciertos amigos del muerto. Diome el capitán Gaspar de Carranza 1.000 pesos; el dicho tesorero Lope de Alcedo, tres mulas y armas, y don Francisco de Arzaga, tres esclavos; con lo cual, y con dos amigos vizcaínos de satisfacción, partí del Cuzco una noche para Guamanga.

Capítulo XIX. Parte del Cuzco para Guamanga. Pasa por el puente de Andahuailas y Guancavélica

Partido del Cuzco, como digo, llegué al puente de Apurimac, donde topé a la justicia con amigos del muerto Cid, que me estaban esperando. Díjome el ministro: «Sea usted preso», y fueme a echar mano, asistido de otros ocho. Desenvolvímonos nosotros cinco, y trabose de unos a otros una fiera contienda. Cayó de los míos a breve rato un negro; quejose de allá otro y a poco otro; cayó el otro negro, y de un pistoletazo derribé al ministro, cuya tropa, al escuchar armas de fuego, huyó, dejando allí a tres tendidos. Hasta el dicho puente llega la jurisdicción del Cuzco y no pasa de allí; por eso hasta allí me acompañaron aquellos mis camaradas, de allí se volvieron, prosiguiendo yo mi camino. Llegué a Andahuailas y topé luego con el corregidor, el cual, muy afable y muy cortés, se me ofreció con su casa y me convidó a comer; pero yo no acepté porque me recelé de tanto comedimiento, y partí.

Llegué a la ciudad de Guancavélica; apeeme en un mesón y estúveme un par de días viendo el lugar. Llegueme a una plazuela que está junto al cerro del Azogue, y estaba allí el doctor Solórzano, alcalde de corte de Lima, tomando residencia al gobernador don Pedro Osorio. Vi que llegó a él un alguacil, que supe después llamarse Pedro Juárez, y él volvió el rostro y me miró, y sacó un papel y mirolo, y volviome a mirar, y vi luego partir hacia mí al alguacil y un negro. Yo me quité de allí como sin cuidado y con mucho; cuando a poco andado pasa delante el alguacil y quítame el sombrero y yo a él, y llega el negro, por detrás, y áseme de la capa. Yo suéltosela y saco la espada y una pistola, y embístenme los dos con espadas. Descerrajo y cae el alguacil; tírole al negro, y en breve cae de estocada; parto, y encuentro a un indio que traía del diestro un caballo, que supe después ser del alcalde; quítoselo y monto, y parto de allí a Guamanga, distante catorce leguas.

Pasado el río de Balsas, me desmonté para descansar un poco al caballo, y estando así, veo llegar al río tres hombres a caballo, que lo vadean hasta la mitad. No sé qué me dio el corazón, y pregunteles: «¿Adónde bueno, caballeros?». Díjome uno: «Señor capitán, a prender a usted». Saqué mis armas, previne dos pistolas, y dije: «Prenderme vivo no podrá ser. Primero me han de matar y luego prenderme»; y me acerqué a la orilla. Dijo otro: «Señor capitán, somos mandados y no pudimos excusar venir; pero con usted no queremos más que servirle». Todo esto parados en medio del río. Yo estimeles el buen término; púseles sobre una piedra 3 doblones, monté y con muchas cortesías partí a mi camino para Guamanga.

Capítulo XX. Entra en Guamanga, y lo que allí le sucedió hasta descubrirse al señor obispo

Entré en Guamanga y fuime a una posada. Halleme allí a un soldado pasajero, que se aficionó al caballo y vendíselo en 200 pesos. Salí a ver la ciudad, que parecíame bien, de buenos edificios, los mejores que vide en el Perú. Vi tres conventos, de franciscanos, mercedarios y dominicos; uno de monjas y un hospital; muchísimos vecinos indios y muchos españoles; bello temple de tierra, fundada en un llano, sin frío ni calor; de grandes cosechas de trigo, vino, frutas y semillas; buena iglesia, con tres dignidades y dos canónigos y un santo obispo, fraile agustino, don fray Agustín de Carvajal, que fue mi remedio; aunque faltó, muriendo de repente el año 20, y decían que lo había sido allí desde el año 12.

Estuve allí unos días, y quiso mi desgracia que me entrara unas veces en una casa de juego, donde estando un día entró el corregidor, don Baltasar de Quiñones, y mirándome y desconociéndome, me preguntó de dónde era. Dije que vizcaíno. Dijo: «¿De dónde viene ahora?». Dije: «Del Cuzco». Suspendiose un poco mirándome, y dijo: «Sea preso». Dije: «De buena gana»; y saqué la espada, retirándome a la puerta. Él dio voces pidiendo favor al rey, y hallé en la puerta tal resistencia que no pude salir. Saqué una pistola de tres bocas, y salí y desaparecime, entrando en casa de un amigo que me había hallado. Partió el corregidor y embargome la mula y no sé qué cosillas que tenía en la posada. Estúveme allí unos días, habiendo descubierto que aquel amigo era vizcaíno. Entretanto no sonaba ruido del caso ni sentía que la justicia tratase de ello; pero todavía nos pareció ser forzoso mudar tierra, pues tenía allí lo mismo que en otra parte. Resuelto a ello, salí un día a boca de noche, y a breve rato quiere mi desgracia que tope con dos alguaciles. Pregúntanme: «¿Qué gente?». Respondo: «Amigos». Pídenme el nombre, y digo, que no debí decir: «El diablo». Vanme a echar mano, y saco la espada, armándose gran ruido. Ellos dan voces diciendo: «¡Favor a la justicia!», y acude gente. Sale el corregidor, que estaba en casa del obispo; avánzanme más ministros, hállome afligido, disparo una pistola y derribo a uno. Crece más el empeño, y hállome al lado aquel vizcaíno mi amigo y otros paisanos con él. Daba voces el corregidor que me matasen; sonaron muchos traquidos de ambas partes, hasta que salió el obispo con cuatro hachas y entrose por medio, encaminándolo hacia mí su secretario, Juan Bautista de Arteaga. Llegó y me dijo: «Señor alférez, deme las armas». Dije: «Señor, hay aquí muchos contrarios». Dijo: «Démelas, que seguro está conmigo, y le doy palabra de sacarle a salvo, aunque me cueste cuanto soy». Dije: «Señor Ilustrísimo, en estando en la iglesia besaré los pies a Vuestra Señoría Ilustrísima». En esto me acometen cuatro esclavos del corregidor, y me aprietan, tirándome ferozmente, sin respeto a la presencia de Su Ilustrísima; de modo que, defendiéndome, hube de entrar la mano y derribar a uno. Acudiome el secretario del señor obispo con espada y broquel, con otros de la familia, dando muchas voces, ponderando el desacato delante de Su Ilustrísima, y cesó algo la puja. Asiome su ilustrísima por el brazo, quitome las armas, y poniéndome a su lado, me llevó consigo y entrome en su casa. Hízome luego curar una pequeña herida que llevaba, y mandome dar de cenar y recoger, cerrándome con llave, que se llevó. Vino luego el corregidor, tuvo Su Ilustrísima larga conversación y alteraciones con él sobre esto, lo cual después entendí.

A la mañana, como a las diez, Su Ilustrísima me hizo llevar a su presencia, y me preguntó quién era y de dónde, hijo de quién, y todo el curso de mi vida y causas y caminos por donde vine a parar allí. Y fui en esto desmenuzando tanto, mezclando buenos consejos y los riesgos de la vida y espantos de la muerte y contingencias de ella, y el asombro de la otra si no me cogía bien apercibido, procurándome sosegar, y reducir, y arrodillarme a Dios, que yo me puse tamañito. Y viéndolo tan santo varón, pareciéndome estar ya en la presencia de Dios, descúbrome y dígole: «Señor, todo esto que he referido a Vuestra Señoría Ilustrísima no es así. La verdad es ésta: que soy mujer, que nací en tal parte, hija de Fulano y Zutana; que me entraron de tal edad en tal convento, con Fulana mi tía; que allí me crié; que tomé el hábito y tuve noviciado; que estando para profesar, por tal ocasión me salí; que me fui a tal parte, me desnudé, me vestí, me corté el cabello, partí allí y acullá; me embarqué, aporté, trajiné, maté, herí, maleé, correteé, hasta venir a parar en lo presente, y a los pies de Su Señoría Ilustrísima».

El santo señor, entretanto que esta relación duró, que fue hasta la una, se estuvo suspenso, sin hablar ni pestañear, escuchándome, y después que acabé se quedó también sin hablar, llorando a lágrima viva. Después me envió a descansar y a comer. Tocó una campanilla, hizo venir a un capellán anciano, y enviome a su oratorio, donde me pusieron la mesa y un trasportín, y me encerraron; yo me acosté y me dormí. A la tarde, como a las cuatro, me volvió a llamar el señor obispo, y me habló con gran bondad de espíritu, conduciéndome a dar gracias a Dios por la merced usada conmigo, dándome a ver el camino perdido que llevaba derecho a las penas eternas. Exhortome a recorrer mi vida y hacer una buena confesión, pues ya por lo más la tenía hecha y me sería fácil; después, Dios ayudaría para que viésemos lo que se debía hacer. Y en esto y en cosas ocurrentes se acabó la tarde. Retireme, diéronme bien de comer, y me acosté.

A la mañana siguiente dijo misa el señor obispo, que yo oí, y después dio gracias. Retirose a un desayuno, y me llevó consigo. Fue moviendo y siguiendo su discurso, y vino a decirme que tenía éste por el caso más notable, en este género, que había en su vida, y remató diciendo: «En fin, ¿esto es así?». Dije: «Sí, señor». Replicó: «No se espante que su rareza inquiete a la credulidad». «Señor —dije—, es así, y si quiere salir de dudas Vuestra Señoría Ilustrísima por experiencia de matronas, yo me allano.» Dijo: «Conténtame oírlo, y vengo en ello». Y retireme por ser la hora del despacho. A medio día comí, después reposé un rato, y a la tarde, como a las cuatro, entraron dos matronas y me miraron y se satisficieron, y declararon después ante el obispo, con juramento, haberme visto y reconocido cuanto fue menester para certificarse, y haberme hallado virgen intacta, como el día en que nací. Su Ilustrísima se enterneció, despidió a las comadres y me hizo comparecer, y delante del capellán, que vino conmigo, me abrazó enternecido, en pie, y me dijo: «Hija, ahora creo sin duda lo que me dijisteis, y creeré en adelante cuanto me dijereis; os venero como una de las personas notables de este mundo, y os prometo asistiros en cuanto pueda y cuidar de vuestra conveniencia y del servicio de Dios».

Mandome poner cuarto decente, y estuve en él con comodidad y ajustando mi confesión, la cual hice en cuanto pude, y después, Su Ilustrísima me dio la comunión. Parece que el caso se divulgó, y era inmenso el concurso que allí acudió, sin poder excusar la entrada a personajes, por más que yo lo sentía y Su Ilustrísima también.

En fin, pasados seis días, acordó Su Ilustrísima entrarme en el convento de monjas de Santa Clara de Guamanga, que allí de religiosas no hay otro, púsome el hábito. Salió Su Ilustrísima de casa, llevándome a su lado, con un concurso tan grande, que no hubo de quedar persona alguna en la ciudad que no viniese; de suerte que se tardó mucho en llegar allá. Llegamos finalmente a la portería, porque a la iglesia, donde pensaba Su Ilustrísima entrar antes, no fue posible; entendido así, se había llenado. Estaba allí todo el convento, con velas encendidas, y otorgose allí, por la abadesa y ancianas, una escritura en que prometía el convento volverme a entregar a Su Ilustrísima, o prelado sucesor cada vez que me pidiesen. Abrazome Su Ilustrísima, echome su bendición, y entré. Lleváronme al coro en procesión e hice oración allí. Besé la mano a la señora abadesa, fui abrazando y fuéronme abrazando las monjas, y lleváronme a un locutorio, donde Su Ilustrísima me estaba esperando. Allí me dio buenos consejos y exhortó a ser buena cristiana y dar gracias a Dios Nuestro Señor y frecuentar los sacramentos, ofreciéndose Su Ilustrísima a venir a ello, como vino muchas veces, y ofreciome largamente todo cuanto hubiese menester. Corrió la noticia de este suceso por todas partes, y los que antes me vieron y los que antes y después supieron mis cosas en todas las Indias, se maravillaron. Dentro de cinco meses, año de 1620, repentinamente, se quedó muerto mi santo obispo, que me hizo gran falta.

Capítulo XXI. Pasa de Guamanga a Lima, por mandato del señor arzobispo, en hábito de monja, y entra en el convento de la Trinidad. Sale de allí, vuelve a Guamanga y continúa para Santa Fe de Bogotá y Tenerife

Muerto el Ilustrísimo de Guamanga, en breve envió por mí el arzobispo metropolitano de Lima, el ilustrísimo señor don Bartolomé Lobo Guerrero, que lo era el año 1607 y murió el 12 de enero de 1622. Entregáronme las monjas, con mucho sentimiento, y fui en una litera, acompañada de seis clérigos, cuatro religiosos y seis hombres de espada.

Entramos en Lima ya de noche, y sin embargo no podíamos valernos de tanta gente curiosa que venía a ver a la Monja Alférez. Apeáronme en casa del señor arzobispo, viéndome en las hieles para entrar. Besé la mano a Su Ilustrísima, regalome mucho y hospedome allí aquella noche. A la mañana siguiente me llevaron a palacio a ver al virrey, don Francisco de Borja, conde de Mayalde, príncipe de Esquilache, que asistió allí desde el año de 1615 hasta 1622, y comí aquel día en su casa. A la noche volví a la del señor arzobispo, donde tuve buena cena y cuarto acomodado.

Díjome Su Ilustrísima al día siguiente que viese y eligiese el convento donde quisiese estar. Yo le pedí licencia para verlos todos, y concediómela, y fui entrando y viéndolos todos, estándome cuatro o cinco días en cada uno. Finalmente vine a elegir el de la Santísima Trinidad, que es de comendadoras de San Bernardo; gran convento, que sustenta cien religiosas de velo negro, cincuenta de velo blanco, diez novicias, diez donadas y dieciséis criadas.

Allí me estuve, cabales, dos años y cinco meses, hasta que volvió de España razón bastante de cómo no era yo ni había sido monja profesa; con lo cual se me prometió salir del convento, con sentimiento común de todas las monjas, y me puse en camino para España.

Partí luego a Guamanga, a ver y despedirme de aquellas señoras del convento de Santa Clara, las cuales me detuvieron allí ocho días, con mucho agrado y regalos y lágrimas a la partida. Proseguí mi viaje a Santa Fe de Bogotá, en el reino de Nueva Granada; vi al arzobispo, don Julián de Cortázar, el cual me instó mucho a que me quedase allí en convento de mi Orden.

Yo le dije que no tenía yo Orden ni religión, y que trataba de volverme a mi patria, donde haría lo que pareciese más conveniente a mi salvación. Y con esto y con un buen regalo que me hizo, me despedí. Pasé a Zaragoza por el río de la Magdalena arriba. Caí allí enferma, y me pareció mala tierra para españoles, y llegué a punto de muerte. Después de unos días convaleciendo algo, antes de poderme tener, me hizo un médico partir, y salí por río y fuime a Tenerife, donde en breve me recobré.

Capítulo XXII. Embárcase en Tenerife y pasa a Cartagena, y de aquí parte para España en la flota

Allí, hallándose la armada del general Tomás de Larraspuru de partida para España, me embarqué en su capitana, año de 1624, donde me recibió con mucho agrado y me regaló y me sentó a su mesa, y me trató así hasta pasadas doscientas leguas, más allá del canal de Bahama. Allí, un día, en el juego, se armó una reyerta, en que hube de dar a uno un arrechucho en la cara con un cuchillejo que tenía allí, y resultó mucha inquietud. El general se vio obligado a apartarme de allí y pasarme a la almiranta, donde yo tenía paisanos. Yo de esto me alegré, y pedile paso al patache «San Telmo», del que era capitán don Andrés de Otón, que venía de aviso, y pasome; pero pasamos trabajo, porque hacía agua, y nos vimos en peligro de anegarnos.

Gracias a Dios, llegamos a Cádiz en primero de noviembre de 1624. Desembarcamos, y estuve allí ocho días. Hízome allí mucha merced el señor don Fadrique de Toledo, general de la armada; y teniendo allí en su servicio dos hermanos míos, a los que allí conocí, les hizo, por honrarme, mucho favor, teniendo al uno consigo en su servicio, y dándole al otro una bandera.

Capítulo XXIII. Parte de Cádiz a Sevilla; de Sevilla a Madrid, a Pamplona y a Roma; pero habiendo sido robada en el Piamonte, vuelve a España

De Cádiz me fui a Sevilla y estuve allí quince días, escondiéndome cuanto pude y huyendo del concurso que acudía a verme vestida en hábito de hombre. De allí pasé a Madrid, y estuve veinte días sin descubrirme. Allí me prendieron por mandato del vicario, no sé por qué, e hízome luego soltar el conde de Olivares. Acomodeme allí con el conde Javier, que partía para Pamplona, y fui y le asistí cosa de dos meses.

De Pamplona, dejando al conde Javier, partí a Roma, por ser el año santo del grande Jubileo. Tomé por Francia mi camino, y pasé grandes trabajos, porque, pasando el Piamonte y llegando a Turín, achacándome ser espía de España, me prendieron, quitándome el poco dinero y vestidos que llevaba, y me tuvieron en prisión cinco días, al cabo de los cuales, hechas, presumo, sus diligencias y no resultando cosa contra mí, me soltaron; pero no me dejaron proseguir el camino que llevaba, mandándome volver atrás, so pena de galeras. Hube de volverme con mucho trabajo: pobre, a pie y mendigando. Llegué a Tolosa de Francia y presenteme ante el conde de Agramonte, virrey de Pau y gobernador de Bayona, para el cual, a la ida, yo había traído y entregado cartas de España. El buen caballero, en viéndome, se condolió y me mandó vestir y me regaló; me dio para el camino cien escudos y un caballo, y partí.

Víneme a Madrid, y presenteme ante Su Majestad, suplicándole me premiase mis servicios, que expresé en un memorial que puse en su real mano. Remitiome Su Majestad al Consejo de Indias, y allí acudí y presenté los papeles que me habían quedado de la derrota. Viéronme aquellos señores, y favoreciéndome, con consulta de Su Majestad, me señalaron ochocientos escudos de renta para mi vida, que fueron poco menos de lo que yo pedí. Esto fue en el mes de agosto de 1625. Sucediéronme entretanto en la corte algunas cosas que, por leves, aquí omito. Partió después Su Majestad para las Cortes de Aragón, y llegó a Zaragoza a los primeros de enero de 1626.

Capítulo XXIV. Parte de Madrid a Barcelona

Púseme en camino para Barcelona con otros tres amigos que iban para allá. Llegamos a Lérida, reposamos un poco, y proseguimos nuestro camino el Jueves Santo por la tarde. Llegados cerca de Velpuche, y como a las cuatro de la tarde, caminábamos bien contentos y ajenos de azar, cuando, de una vuelta y breñal al lado derecho del camino, nos salen de repente nueve hombres, con sus escopetas, los gatillos levantados, y nos cercan y mandan apear. No pudimos hacer otra cosa, y aun tuvimos a merced el apearnos vivos. Desmontados, quitáronnos las armas y los caballos, los vestidos y cuanto llevábamos, sin dejarnos más que los papeles, que les pedimos de merced, y que después de vistos nos dieron, sin dejarnos otra hilacha.

Proseguimos nuestro camino a pie, desnudos y avergonzados, entrando en Barcelona el Sábado Santo de 1626, en la noche, sin saber, a lo menos yo, qué hacer. Mis compañeros tiraron no sé por dónde a buscar su remedio; yo, por allí, de casa en casa, plañiendo mi robo, adquirí unos malos trapos y una mala capilla con que cubrirme. Acogime, entrada más la noche, debajo de un portal, donde hallé tendidos otros miserables y llegué a entender que estaba el rey allí y que estaba en su servicio el marqués de Montes Claros, buen caballero, caritativo, a quien conocí y hablé en Madrid. A la mañana siguiente me fui a él y contele mi fracaso; doliose de verme, y luego me mandó vestir e hizo entrar a presencia de Su Majestad, agenciándome el buen caballero la ocasión.

Entré y referí a Su Majestad mi suceso como me pasó. Escuchome, y dijo: «¿Pues cómo os dejasteis robar?». Respondí: «Señor, no pude más». Preguntome: «¿Cuántos eran?». Dije: «Señor, nueve, con escopetas, altos los gatos, que nos cogieron de repente al pasar unas breñas». Mostró Su Majestad con las manos querer el memorial. Se la besé y púseselo en ella, y dijo Su Majestad: «Yo lo veré». Estaba entonces Su Majestad en pie, y fuese. Yo me salí, y en breve hallé el despacho, en que mandaba Su Majestad darme cuatro raciones de alférez reformado y 30 ducados de ayuda y de costa. Con lo cual me despedí del marqués de Montes Claros, a quien tanto debí, y embarqué en la galera «San Martín», la nueva de Sicilia, que de allí partía para Génova.

Capítulo XXV. Parte de Barcelona a Génova, y de allí, a Roma

Partidos de Barcelona en la galera, llegamos en breve a Génova, donde estuvimos quince días. En ellos, una mañana se me ofreció ver a Pedro de Chavarría, del hábito de Santiago, veedor general, y fui a su casa. Parece que era temprano, y no había abierto, y andúveme por allí haciendo hora. Senteme en una peña a la puerta del príncipe Doria, y estando allí llegó también y sentose un hombre bien vestido, soldado galán, con una gran cabellera, que conocí en el habla ser italiano. Saludámonos y trabamos conversación, y me dijo: «Usted es español». Díjele que sí, y respondió: «Según eso, será usted soberbio, porque los españoles lo son, y arrogantes, aunque no de tantas manos como blasonan». Dije: «Yo a todos los veo muy hombres para cuanto se ofrece». Dijo: «Yo los veo a todos que son una merda». Dije, levantándome: «No hable usted de ese modo, que el más triste español es mejor que el mejor italiano». Dijo: «¿Sustentará lo que dice?». Dije: «Sí haré». Dijo: «Pues sea luego». Dije: «Sea». Y salimos tras unos depósitos de agua allí cerca, y él conmigo. Sacamos las espadas y empezamos a tirar, y en esto veo a uno que se pone a su lado. Ambos jugaron de cuchilla; yo, de punta, y entrele al italiano una estocada, que cayó. Quedábame el otro, e íbalo retirando, cuando llegó en esto un hombre cojo, con buen brío, y púsose a su lado, que debía ser su amigo, y apretábame. Vino otro, y púsose al mío, quizá por verme solo, que lo conocí. Acudieron tantos, que se hubo de confundir la cosa, de suerte que, buenamente, sin que nadie reparara, me retiré y me fui a mi galera, y no supe más del caso. Allí me curé de una leve herida en una mano. Estaba entonces en Génova el marqués de Santa Cruz.

Partí de Génova a Roma. Besé el pie a la Santidad de Urbano VIII, y referile en breve y lo mejor que supe mi vida y correrías, mi sexo y virginidad. Mostró Su Santidad extrañar tal cosa, y con afabilidad me concedió licencia para proseguir mi vida en hábito de hombre, encargándome la prosecución honesta en adelante y la abstinencia de ofender al prójimo, teniendo la ulción de Dios sobre su mandamiento non occides. Hízose el caso allí notorio, y fue notable el concurso de que me vi cercado: personajes, príncipes, obispos, cardenales. Dondequiera me hallé lugar abierto, de suerte que en mes y medio que estuve en Roma fue raro el día en que no fuese convidado y regalado de príncipes; y especialmente un viernes fui convidado y regalado por unos caballeros, por orden particular y encargo del Senado romano, y me asentaron en un libro por ciudadano romano. El día de San Pedro, 29 de junio de 1626, me entraron en la capilla de San Pedro, donde vi los cardenales y las ceremonias que se acostumbran aquel día. Todos, o los más, me mostraron notable agrado y caricia y me hablaron muchos. A la tarde, hallándome en rueda con tres cardenales, me dijo uno de ellos, que fue el cardenal Magalón, que no tenía más falta que ser español, a lo cual le dije: «A mí me parece, señor, debajo de la corrección que se debe a Vuestra Señoría Ilustrísima, que no tengo otra cosa buena».

Capítulo XXVI. De Roma viene a Nápoles

Pasado mes y medio que estuve en Roma, me partí de allí para Nápoles, el día 5 de julio de 1626. Embarcamos en Ripa.

En Nápoles, un día, paseándome en el muelle, reparé en las risotadas de dos damiselas que parlaban con dos mozos. Me miraban, y mirándolas, me dijo una: «Señora Catalina, ¿adónde se camina?». Respondí: «Señoras p..., a darles a ustedes cien pescozones y cien cuchilladas a quien las quiera defender». Callaron y se fueron de allí.

Fin

Notas

No pasa de aquí un cuaderno del capitán don Domingo de Urbiru, alguacil mayor de la Contratación de Sevilla, ni otro impreso en Madrid el año de 1625. De suerte que la relación hasta aquí escrita deja a doña Catalina en Nápoles, en el mes de julio de 1626.

Después se la halla en Sevilla en julio de 1630, y en Veracruz de Indias en el año de 1645. En un manuscrito de cosas diarias de Sevilla, en el 4 de julio de 1630, dice: «Jueves, 4 de julio, estuvo en la iglesia mayor LA MONJA ALFÉREZ. Ésta fue monja en San Sebastián, huyose y pasó a Indias en hábito de hombre, el año de 1603. Sirvió de soldado veinte años, tenida por capón. Volvió a España, y fue a Roma, y el Papa Urbano VIII la dispensó y dio licencia para andar en hábito varonil. El rey le dio título de alférez, llamándola el alférez doña Catalina de Erauso, y el mismo nombre traía en los despachos de Roma. El capitán Miguel de Echazarreta la llevó por mozo en años pasados a Indias, y ahora va por general de flota y la lleva de alférez».

En una certificación sacada en la Audiencia de Contratación de Indias, de Sevilla, dice: «Que en el libro de despacho de los pasajeros, al folio 160, aparece que en la flota que se despachó a la provincia de Nueva España, año de 1630, a cargo del general Miguel de Echazarreta, en 21 de julio, se despachó el alférez doña Catalina de Erauso a la provincia de Nueva España, y vino de las provincias del Perú por cédula de Su Majestad».

En una relación verbal hecha en 10 de octubre de 1693 en el convento de los capuchinos de Sevilla por el padre fray Nicomedes de Rentería, profesó de dicha Orden, que la dictó al padre fray Diego de Sevilla, de la misma Orden, dice:

«Que en el año de 1645, siendo seglar, fue en los galeones del general don Pedro de Ursúa, y que en Veracruz vio y halló diferentes veces a LA MONJA ALFÉREZ, doña Catalina de Erauso —que entonces allí se llamaba don Antonio de Erauso—, y que tenía una recua de mulos, en que conducía, con unos negros, ropa a diferentes partes. Que en ella y con ellos le transportó a México la ropa que llevaba, y que era sujeto allí tenido por de mucho corazón y destreza. Que andaba en hábito de hombre, y que traía espada y daga con guarniciones de plata, y le parece que sería entonces como de cincuenta años, y que era de buen cuerpo, no pocas carnes, color trigueño, con algunos pocos pelillos por bigote.»

Pedro del Valle, el «Peregrino», en el tomo tercero de su Viaje, escrito en lengua italiana y en forma de cartas familiares a su amigo Mario Schipano —edición Bolonia, 1677—, en carta fechada en Roma a 11 de julio de 1626, dice lo siguiente:

«A los 5 de julio de 1626 vino a mi casa la primera vez el alférez Catalina de Erauso, vizcaína, venida de España y llegada a Roma el día antes.

»Era ésta una doncella de edad ahora como de treinta y cinco a cuarenta años, la cual, desde muy niña, en Vizcaya, su patria, donde era bien nacida, se había criado en un monasterio, y ya grande, creo que vistió el hábito de monja; pero antes de profesar, disgustada de aquella vida de reclusión y antojándosele vivir como hombre, se huyó y se fue a la corte de España, donde, en hábito de muchacho, se acomodó y sirvió unos días de paje. Vínole después gana de irse a Sevilla, y pasar de allí a las Indias, y con ocasión de cierta contienda se hubo de ausentar de la corte y se dio a la vida de soldado, inclinándose naturalmente a las armas y a ver mundo.

»Militó mucho en aquellas partes, hallándose en diversas facciones, en que dio siempre tan buena cuenta de soldado, que adquirió fama de valeroso, y como no le asomaba la barba, lo tenían y llamaban por capón.

»Hallose en otra batalla peligrosa, en que, siendo desbaratados los suyos de su compañía y llevándose la bandera los contrarios, ella, con valor, retiró a los enemigos, y matando al que llevaba la bandera, la recobró, quedándose por alférez en la compañía, no por gracia, sino por su propio valor.

»Finalmente, comenzándose a sospechar que fuese mujer, se vino ello a declarar en una grande prudencia, en que después de haber ella hecho muchas demostraciones de valor, quedó mortalmente herida, y por salvarse de la justicia, que la perseguía, se vio obligada a entregarse al obispo, al cual confesó lo que le pasaba en su vida y cómo era doncella, y que todo lo que había hecho no era por mal fin, sino solo por natural inclinación con que se hallaba a la milicia. Y para que le constase ser así cierto, le suplicó la mandase, reconocer, lo cual fue hecho así, y fue reconocida por matronas y comadres, y fue hallada doncella.

»El obispo la puso en un monasterio, porque se supo ser monja y se dudó si profesa, y la detuvo allí hasta que de su país recibió certeza de que no había profesado, con lo que quedó en libertad, y no queriendo ser monja, sino perseverar en su vida militar, salió con licencia del monasterio y se vino a España.

»En España pidió al rey remuneración de sus servicios. Viose su causa en el Consejo de Justicia, y mandole dar el rey al año, en las Indias, ochocientos escudos, nombrándola en la patente con título de alférez, y dándole permiso para andar como varón en hábito militar, y mandando que en todos sus Estados y señoríos nadie la molestase.

»Con esto se vino a Italia, corriendo diferentes fortunas en los caminos. Vino a Roma a suplicar a Su Santidad no sé qué gracias a su favor, las cuales obtuvo con la ayuda de muchos personajes.

»Yo había tenido noticia de ella hallándome en la India oriental, de muchas cosas suyas y de su fama, y a la vuelta deseaba saber de ella particularmente.

»Llegado el alférez a Roma, mi amigo el padre Rodrigo de San Miguel, agustino descalzo, de quien muchas veces he hecho memoria, y al cual había ella recurrido luego que llegó, por ser su paisano; conociendo el padre Rodrigo mi deseo, me la llevó luego a mi casa, donde razonamos juntos un buen rato. Contome diversos casos y acaecimientos suyos muy extraños, y de los cuales he referido aquí solamente los más notables y ciertos, como de persona rara en nuestros tiempos.»

A continuación, Pedro del Valle hace el retrato de doña Catalina, que es el que transcribe Heredia en su prólogo.

Don Vicente Riva Palacio, en su obra México a través de los siglos, tomo II, «El Virreinato», dice: «En el año de 1650 murió en Cuitlaxtla la famosa doña Catalina de Erazu, conocida con el nombre de LA MONJA ALFÉREZ.

»Doña Catalina de Erazu nació en Guipúzcoa, en la villa de San Sebastián, de España, el 10 de febrero de 1585. A los cuatro años de edad entró al convento de San Sebastián el Antiguo, del que era priora doña Úrsula de Unzá, y allí profesó, según dicen algunos de sus biógrafos, a los quince años de edad; pero a poco tiempo, a causa de un odio terrible que se tuvieron ella y otra monja, huyó doña Catalina del convento, se escondió en un castañar e hizo con su vestido un traje de hombre y comenzó desde allí su larga y escandalosa carrera, que ha dado tanto que decir a historiadores, poetas y novelistas. Como escribiente unas veces, otras como arriero, otras como paje, como dependiente de un mercader, vivió en España algunos años, hasta que se embarcó para el Perú. Allí tuvo una pendencia en que hirió a dos hombres, y aprehendida por la justicia, estuvo en el cepo de cabeza; llegó a Lima, sentó plaza de soldado, pasó con una compañía a Chile, allí riñó a estocadas con su hermano Miguel de Erazu. Peleó valientemente doña Catalina con los indios en el asalto de la villa de Valdivia, y por su valentía diósele el nombramiento de alférez.

»Las continuas pendencias que con oficiales y soldados tenía doña Catalina obligaron al gobernador de Chile a desterrarla al fuerte de Arauco; fugose de allí y llegó a Potosí, donde se acomodó de arriero, en cuyo oficio permaneció poco tiempo, porque riñó con su amo estando en Charcas, donde había ido por carga, y metiendo mano ambos a las espadas; doña Catalina dio a su adversario dos estocadas, dejándole muerto. Volvió de allí a Potosí huyendo, y llegó en oportunidad de ayudar poderosamente al corregidor, don Rafael Ortiz, para vencer a Alfonso de Ibáñez, que se había levantado contra la justicia, lo que le valió el oficio de ayudante del sargento mayor.

»Concurrió a la conquista del Dorado, y anduvo en aquellas expediciones durante muchos meses; volvió a tener necesidad de retraerse a una iglesia, por haber herido a un hombre; pero averiguado el caso de haber sido en propia defensa, quedó libre.

»Multitud de escándalos y pendencias tuvo en el Perú, y, al fin, malherida en una casa de juego, estuvo a punto de morir. Logró salvarse; pero la justicia la perseguía, y en el momento de aprehenderla, doña Catalina hizo frente a los alguaciles, mató a uno, hirió a varios, y a costa de gran trabajo lograron desarmarla y reducirla las personas que en auxilio de la justicia salieron.

»Formose el proceso, y fue condenada a muerte; entonces descubrió a su confesor el secreto de su verdadero sexo; súpolo la justicia, y por esto y por los muchos servicios que en veinticuatro años había prestado al rey, se la indultó, y por la protección del obispo de Cuzco volvió a España ya en hábito de monja.

»Su desembarco en Cádiz causó gran novedad; pasó a Sevilla y, según dice una relación antigua, visitó al rey e hizo viaje a Roma para hablar al Papa; pero en ese viaje, y en la travesía por mar, riñó con un francés y le arrojó al agua, en donde se ahogó; los compañeros del francés atacaron inmediatamente a doña Catalina, que cayó, a su vez, al mar; pero logró salvarse asiéndose de una boya que le tiraron los marineros.

»El Papa concedió a doña Catalina, entre otras muchas mercedes, la de permitirle usar el traje de hombre, y como no le faltó quien motejase de indecente aquella concesión, el Pontífice dijo con satisfacción:

»—Dadme otra monja alférez, y le concederé lo mismo.

»El rey le señaló una pensión de 500 pesos anuales, tomados de las cajas reales de Manila, México o Perú.

»Llegó a México LA MONJA ALFÉREZ cuando gobernaba la Nueva España el marqués de Cerralbo, y enamorose en el viaje de Veracruz a México de una dama a quien sus padres le encargaron que llevase a México, sabedores de que doña Catalina era mujer, aunque vestía de hombre; aquella pasión le causó grandes disgustos, y a punto estuvo de batirse con el hombre con quien casó la dama. Doña Catalina le desafió en una carta; pero algunas personas de importancia lograron impedir el lance.

»LA MONJA ALFÉREZ dedicose en Nueva España a la arriería, y en 1650, en el camino de Veracruz, enfermó y murió, haciéndosele un suntuoso entierro, habiéndosele puesto en su sepulcro un honroso epitafio.»

Apéndice

Partida bautismal de doña Catalina de Erauso

«Yo, el doctor don Francisco Javier de Marín, vicario perpetuo y cura propio de la iglesia parroquial de San Vicente, levita y mártir, de esta ciudad de San Sebastián,

»Certifico que en el libro primero de bautizados de dicha parroquia, al folio veinticinco, partida cuarta, que es la trigesimaséptima de las del año de 1592, se halla la del tenor siguiente:

»'Bautizose Catalina de Erauso en 10 de febrero de dicho año, hija legítima de Miguel de Erauso y de María Pérez de Galarraga. Padrinos, Pedro de Galarraga y María Vélez de Aranalde. Ministro, el vicario Alvisua.'

»Conformada esta copia con el original, que obra en mi poder, a la que me refiero.

»San Sebastián, 10 de octubre de 1826. —Doctor don Francisco Javier de Marín.»

Expediente relativo a los méritos y servicios de doña Catalina de Erauso, que se halla en el Archivo de Indias de Sevilla

Don José de la Higuera y Lara, archivero del General de Indias de esta ciudad,

Certifico: Que entre los legajos de indiferentes de la Secretaría del Perú se halla un pedimento, acompañado de un expediente con varios documentos testimoniados, cuyo tenor, de alguno de ellos, dice así:

Pedimento

Señor: El alférez doña Catalina de Erauso, vecina y natural de la villa de San Sebastián, provincia de Guipúzcoa, dice: que en tiempo de diecinueve años a esta parte, los quince ha empleado en servicio de Vuestra Majestad en las guerras del reino de Chile e indios del Perú, habiendo pasado a aquellas partes en hábito de varón, por particular inclinación que tuvo de ejercitar las armas en defensa de la fe católica y emplearse en servicio de Vuestra Majestad, sin que en el dicho reino de Chile, en todo el tiempo que asistió, fuese conocida sino por hombre, hasta que algunos años después, en los reinos del Perú, fue descubierta ser mujer, forzada de un acontecimiento que no hace a propósito el decir aquí, y con estar en compañía del alférez Miguel de Erauso, su hermano legítimo, en el reino de Chile, nunca se descubrió a él, aunque ella le conocía por tal hermano; y esto hizo por no ser descubierta, negando la afición de sangre, y en todo el tiempo que servía en la guerra, y en la compañía del maestre de campo don Diego Bravo de Sarabia, fue con particular valor resistiendo a las incomodidades de la milicia como el más fuerte varón, sin que en acción ninguna fuese conocida sino por tal, y por sus hechos vino a merecer tener bandera de Vuestra Majestad, sirviendo como sirvió de alférez de la compañía de infantería del capitán Gonzalo Rodríguez, con nombre que se puso, llamándose Alonso Díaz Ramírez de Guzmán, y en el dicho tiempo se señaló con mucho esfuerzo y valor, recibiendo heridas, particularmente en la batalla del Perú; y habiendo sido reformado, pasó a la compañía del capitán Guillén de Casanova, castellano del castillo de Arauco, y fue entresacado de ella, por valiente y buen soldado, para salir a campear al enemigo. Como todo lo cual, y más, consta por las certificaciones y fees de don Luis de Céspedes, gobernador y capitán general de Paraguay, que fue de infantería en Chile; de don Juan Cortés de Monroy, gobernador y capitán general de Veraguas, que también fue de infantería en Chile, y de don Francisco Pérez de Navarrete, que todos tres, y otros caballeros que han sido sus oficiales y maeses de campo, se hallan hoy actualmente en la corte, y le conocen muy bien por haberle visto servir a Vuestra Majestad, y saben hizo de capitán en el dicho reino de Chile y en el del Perú, y además de lo referido no queda su tragedia en lo dicho, pues habiendo llegado a estos reinos de España el año pasado de 1624, trató de ir en el de 625 a la corte romana a besar el pie a Su Santidad, por ser el año santo, y caminando por el reino de Francia, en Piamonte encontró con una tropa de caballería francesa, y como ella iba a caballo, con un criado y otros peregrinos españoles que iban en su compañía, la prendieron a ella como quien iba señalado entre los demás en hábito de peregrino, nombrándose el alférez Antonio de Erauso; y luego que asieron de ella la tuvieron por espía de Vuestra Majestad y dijeron que por tal la prendían, y después de haberla desvalijado y quitándola 200 doblones de oro que llevaba para su gasto, la echaron en una cárcel, donde estuvo catorce días cargada de cadenas; y porque habiendo oído algunas cosas había respondido en decoro y reverencia de Vuestra Majestad, la maltrataron así de palabra como de manos, y si acaso la hubieran conocido que era mujer, confirmaran ser espía, con lo cual sin duda le quitaran la vida, y después que la soltaron no la quisieron dar paso para Roma, y así, ha vuelto a esta corte, que también este particular parece por información, con tres testigos contestes, sin otros de oídas. Por tanto, y porque así bien interpone los servicios del capitán Miguel de Erauso su padre, y del dicho alférez Miguel de Erauso y de Francisco de Erauso, que sirvió en la armada de Lima con don Rodrigo de Mendoza, y Domingo de Erauso, que se fue en la armada que salió para el Brasil, y volviendo de allá fue uno de los que perecieron en la almiranta, de las cuatro villas que se quemó, que todos tres fueron sus hermanos,

Suplica a Vuestra Majestad se sirva mandar premiar sus servicios y largas peregrinaciones y hechos valerosos, mostrando en ella su grandeza, así por lo que tiene merecido como por la singularidad y prodigio que viene a tener su discurso, teniendo atención a que es hija de padres nobles e hidalgos y personas principales en la villa de San Sebastián, y más por la seguridad y rara limpieza con que ha vivido y vive, el testimonio de lo cual se puede sacar del mismo tiempo; por lo cual recibirá merced de que se le dé un entretenimiento de 70 pesos de a veintidós quilates al mes, en la ciudad de Cartagena de las Indias, y una ayuda de costa para poderse ir, en que conseguirá la que de Vuestra Majestad y su grandeza espera.

Decreto

El Consejo, en 19 de febrero de 1626. Cuenta 500 pesos de a ocho reales en pensión de encomienda, y remitir a Su Majestad que, en cuanto a mudar hábito, mande lo que fuere servido. Está rubricado.

Certificación de don Luis de Céspedes

Don Luis de Céspedes Yeria, gobernador y capitán general que al presente soy de la provincia de Paraguay, en las Indias, por el Rey Nuestro Señor, y capitán de infantería española que he sido en el ejército del reino de Chile, etc.,

Certifico y hago fe a Su Majestad que conozco a Catalina de Erauso de más de dieciocho años a esta parte que entró por soldado en hábito de hombre, sin que nadie entendiese que era mujer, en la compañía del maestre de campo don Diego Bravo de Sarabia, y sirvió a Su Majestad en el dicho ejército y compañía, y de ella pasó a la del capitán Gonzalo Rodríguez, que lo fue en dicho reino de Chile, y por sus honrados y aventajados servicios fue nombrado por alférez de dicha compañía, con nombre de Alonso Díaz Ramírez de Guzmán, y se halló con ella en todas las ocasiones que se ofrecieron en aquel tiempo; y habiéndose reformado la dicha su compañía, pasó a servir a la del capitán Guillén de Casanova, castellano del castillo de Arauco, y de los entresacados de ella fue uno, por buen soldado, para salir a campear, y la dejó el gobernador entre los demás que quedaron en el castillo de Paicabí con el maestre de campo Álvaro Núñez de Pineda, donde quedaron cuatro capitanes a orden de dicho maestre de campo, y de allí se le hicieron al enemigo salidas en que recibió mucho daño; y el gobernador Alonso de Ribera, que sucedió en aquel reino, visto lo bien que la susodicha había servido a Su Majestad más de trece años continuos en aquellos ejércitos, y que se había señalado como si fuera hombre de mucho valor, le dio licencia para venir a los reinos del Perú; y me consta se halló en muchas batallas, y en particular en la de Purén, donde salió mal herida; y he entendido que en el Perú descubrióser mujer, y al presente está en esa corte, y me pidió la presente fe; y por cuanto me consta ser verdad todo lo referido, la susodicha es digna de que Su Majestad le haga merced por lo bien que ha servido; y de su pedimento, y por constarme se le han perdido sus títulos y papeles, le doy esta certificación, firmada de mi mano y sellada con el sello de mis armas, que es fecha en la villa de Madrid, corte de Su Majestad, a 2 días del mes de febrero de 1625 años.

Don Luis de Céspedes Yeria.

Certificación de don Francisco Pérez de Navarrete

Don Francisco Pérez de Navarrete, capitán de infantería española que ha sido por Su Majestad y cabo de compañías, etc.,

Certifico y hago fe que conocí a Catalina de Erauso, que así es su nombre ahora, en el reino de Chile, en hábito de soldado, servir a Su Majestad, y sirvió de alférez del capitán Gonzalo Rodríguez, con nombre de Alonso Díaz Ramírez de Guzmán; y cuando llegué al reino de Chile, que fue el año de 608, le hallé sirviendo en el estado de Arauco, en la compañía del capitán Guillén de Casanova, con nombre de alférez reformado, por haberlo sido del capitán Gonzalo Rodríguez, y se quedó conmigo en el castillo de Paicabí, que estuvo a cargo del maestre de campo don Álvaro Núñez de Pineda, siendo yo uno de los cuatro capitanes que quedaron aquella invernada para la defensa del dicho castillo, que era en el riñón de la guerra, y siempre le vide servir con gran puntualidad, y fue tenido por hombre por mostrar siempre valor, y se halló en muchas ocasiones y reencuentros que se tuvieron con el enemigo, y salió herido en la batalla que tuvimos en Purén; y siendo yo capitán de infantería del presidio del Callao, el año pasado de 623, la vi en Lima, ciudad de los reyes, que es dos leguas del dicho presidio, en hábito de mujer, que se había descubierto, y esto fue cosa muy notoria, que llamaban la monja de Chile, y vino a estos reinos y me pidió le diese fe de lo referido; y de su pedimento di esta certificación, que es fecha en esta villa de Madrid, corte de Su Majestad, a los 17 días del mes de diciembre de 1624 años, por los cuales servicios es digna y merecedora a que Su Majestad le haga merced; y por verdad lo firmé de mi nombre y sellé con el sello de mis armas, y me consta se le perdieron los papeles.

Don Francisco Pérez de Navarrete.

Certificación de don Juan Cortés de Monroy

Don Juan Cortés de Monroy, gobernador y capitán general que al presente soy de la provincia de Veraguas, en las Indias, por el Rey Nuestro Señor, y capitán de infantería española que he sido en el ejército del reino de Chile, etc.,

Certifico a Su Majestad que conozco a Catalina de Erauso de más de quince años a esta parte, que entró en hábito de hombre por soldado de la compañía del maestre de campo don Diego Bravo de Sarabia, con el nombre de Alonso Díaz Ramírez de Guzmán, y sirvió más de dos años en dicha compañía, y della pasó a servir a la del capitán Gonzalo Rodríguez, que lo fue en el dicho reino de Chile, donde, por lo bien que sirvió y se aventajó, el dicho capitán le nombró por su alférez, y se halló en todas las ocasiones que se ofrecieron con la dicha su compañía, y habiéndola reformado, pasó a servir a la del capitán Guillén de Casanova, castellano del castillo de Arauco, y la susodicha fue una de los entresacados della para salir a campear, y la dejó el gobernador en el castillo de Paicabí, en compañía de algunos capitanes que quedaron a la orden del maestre de campo Álvaro Núñez de Pineda, y de allí se le hicieron al enemigo salidas en que recibió mucho daño, y se halló en muchas batallas, y en particular en la de Purén, donde recibió algunas heridas; y después de haber servido en aquel reino más de catorce años continuos, señalándose en las ocasiones como hombre de mucho valor, salió con licencia del gobernador Alonso de Ribera, y se vino al reino del Perú, donde he sabido que por unas heridas de muerte que tuvo, ella misma descubrió ser mujer; y al presente se halla en esta corte, en el mismo hábito de hombre; y por cuanto me consta ser verdad todo lo referido, la susodicha es digna y merecedora de cualquier merced que Su Majestad fuese servido hacerla; y de su pedimento doy esta certificación, firmada de mi mano y sellada con el sello de mis armas que es fecha en la villa de Madrid, corte del Rey Nuestro Señor, a 25 días del mes de enero del 1625 años.

Don Juan Cortés de Monroy.

Aparece en el mismo expediente que fueron ratificadas, respectivamente, las anteriores certificaciones por los que las dieron, en Madrid a 15 y 17 de febrero de 1625.

Información

En la ciudad de Pamplona, a 28 de julio de 1625 años, ante el señor doctor don Nicolás Plazaola, alcalde de las guardas y gente de guerra de infantería y caballería de este reino de Navarra, por el Rey Nuestro Señor, y por la presencia y testimonio de mí, el escribano de Su Majestad y de dichas guardas, infrascripto, pareció en persona el alférez Antonio de Erauso, natural que dice es de la villa de San Sebastián, en la provincia de Guipúzcoa, y presentó una petición pidiendo se reciba información por su tenor, la cual dicha petición e información, y los demás autos en razón dello hechos, son del tenor siguiente:

Petición

«Ilustre Señor: El alférez Antonio de Erauso, natural de la villa de San Sebastián y residente al presente en esta ciudad de Pamplona, dice que el suplicante partió de esta ciudad para la de Roma a negocios precisos que tenía, al fin de enero de este presente año, por tierra, y por haber tomado esta derrota le fue forzoso ir por la Francia, por ser el camino ordinario para los que van por tierra, y habiendo pasado cerca de León de Francia, en el Piamonte, un agente de guarnición que había le prendió, diciendo que era espía, y le tuvieron poco más de catorce días, y le cogieron los dineros y vestidos y papeles que llevaba, dejándole en camisa; y así forzado de la necesidad, se hubo de volver a España. Y le conviene que conste de lo susodicho a tiempos a venir, y porque tiene algunos testigos en esta ciudad.

»Suplica a vuesamerced mande que se reciba información de todo lo susodicho por ante cualquier escribano real, y que se le entreguen a el suplicante originalmente, para la conservación de su derecho, que en ello recibirá merced con justicia, la cual pide al licenciado Aragón. —Antonio de Erauso.»

Decreto

«El alférez Antonio de Erauso dé la información que ofrece ante cualquier escribano real, a quien se da comisión para ello, lo cual proveyó y mandó el señor don Nicolás de Plazaola, alcalde de guardas de Pamplona, a 28 días del mes de junio de 1625 años, y lo señaló con su rúbrica.

»Ante mí, Ramiro Luis de Escobar.»

Testigo primero

«En la ciudad de Pamplona, del reino de Navarra, a primero de julio del año de 1625 años, yo el escribano infrascrito, en virtud de la comisión precedente a mí dada por el señor alcalde de guardas de este presidio, recibí juramento, en forma de derecho sobre una señal de la cruz tal como ésta, en que puso su mano derecha y palabras de los santos cuatro evangelios, de Pedro del Río, natural que dijo ser de la villa de Marcilla, de Navarra susodicha, estante al presente en esta dicha ciudad, testigo presentado por el alférez Antonio de Erauso, presente, para su prueba y averiguación de lo contenido en su petición presentada en esta causa, de edad que dijo ser de veintiocho años, poco más poco menos, conoce a el dicho presentante, y no es deudo ni tampoco le empecen las demás preguntas generales de la ley. Habiendo sido preguntado por el tenor de la dicha petición dijo: que lo que della sabe es que este testigo se halló presente por el mes de enero último pasado de este presente año en Piamonte de Francia, cincuenta leguas, poco más o menos, de León de Francia, que cae entre Saboya y Francia, en compañía del presentante, que iba con él en su compañía y servicio hasta Roma, por ser negocios que le interesaban a el dicho Antonio de Erauso, presentante, y cerca del dicho Piamonte encontraron una caballería de guarnición francesa que iba marchando, y en el mismo Piamonte, a una legua, poco más o menos, pasada ya la raya del reino de Francia, un capitán de la dicha caballería lo cogió preso al dicho alférez, y le dio de palos y trató muy mal de palabra, diciéndole que era un judío, perro, marrano y luterano, y que iba por espía del Rey de España Nuestro Señor; y en orden de esto le quitaron en presencia de este testigo 200 doblones de a veintiséis a el dicho alférez, y todos los papeles y cartas que llevaba se las abrieron y se las hicieron pedazos, y no obstante esto, lo echaron preso en el mismo Piamonte, en un lugar que no se acuerda de su nombre, donde le tuvieron catorce días con grillos y cadenas, padeciendo mucho trabajo, y estando en ella, algunos franceses de guarnición, habiendo entrado a verle a el dicho alférez, le dijeron que su rey era un mal hombre y mal cristiano, y habiendo vuelto el dicho alférez, como era razón, por su rey, juntamente con este testigo, y dicho que su rey era muy fiel y muy católico, más que lo eran ellos, un soldado le sacudió una bofetada de tal suerte que lo derribó en tierra, y porque también volvió este testigo por su rey y amo, le dieron con un tizón en la garganta, diciéndole que le habían de abrasar como a traidor bellaco, y le dieron junto con eso muchas bofetadas, de que también le maltrataron, de que, finalmente, después que le reconocieron los dichos papeles, visto que su viaje era derecho a Roma, y no pudieron hallarle otra cosa ninguna para su propósito, lo echaron fuera de la cárcel, dejándole sin dineros ni papeles, y después que se vio libre de la dicha prisión, el dicho alférez pidió con encarecimiento al dicho capitán, con los demás que allí estaban, en que fueran servidos de darle para conseguir su jornada a Roma, por cuanto le importaba en extremo grado el ir allá, y jamás le quisieron dar lugar, diciéndole volvierse atrás a España y diese gracias a Dios de enviarle sin detrimento de su persona, pues no le daban un garrote, y así fue forzoso volver a España, como entrambos volvieron con trabajo y malos tratos que a sus personas le hicieron los dichos franceses a este testigo y a el dicho alférez presentante, hasta que entraron dentro del reino de Navarra; y ésta es la verdad y lo que pasó, por el juramento que ha hecho, y leídole este su dicho, en él se afirmó, y no lo firmó con mí, el dicho escribano, porque dijo no sabía, y en su presencia firmé yo, el dicho escribano.»

Ante mí, Pedro de Erdocain, escribano.

Siguen a esta declaración las de cinco testigos más, que ratifican la del primero, sin agregar detalle alguno interesante.

Certificación de don Juan Recio de León

«Juan Recio de León, maese de campo y teniente de gobernador y capitán general y justicia mayor de las provincias de Tipoan y Chunchos, del reino de Paitit y Dorado, descubridor y poblador de ellas, que son en las Indias del Perú, y capitán de infantería española que he sido en diferentes provincias del Perú por Su Majestad, etc.,

»Certifico que el año de 1620, estando en los reinos de las Indias del Perú, en Nuestra Señora de Copacabana, y las provincias circunvecinas de Chucuitos o Macuyo y otras, con cuatro capitanes agregados, y conduciendo gente para la entrada y población de ellas, llegó a mí el alférez Alonso Díaz Ramírez de Guzmán, deseoso de continuar sus servicios, pidiéndome le admitiese en mi compañía, y por ser justa su proposición le asenté plaza en ella, y en el tiempo que el príncipe de Esquilache, conde de Mayalde, virrey y capitán general de los dichos reinos e Indias del Perú, me envió con el situado y con otras comisiones secretas del servicio de Su Majestad al reino de Chile, le conocí al dicho alférez en las guerras de Chile, haciendo su deber como el más valeroso y honrado soldado, resistiendo a las incomodidades de la milicia como el más fuerte varón, y con estar en compañía del alférez Miguel de Erauso, su hermano, no se descubrió con él, que fue otro acto de fortaleza de los que ha osado hacer en su vida prodigiosa; y el dicho año de 1620, luego que asentó plaza en mi compañía en las dichas provincias del Perú, conociendo su industria, le ocupé en la conducción de juntar gente de servicio para la dicha entrada y población, y asimismo acudió a hacer despachar ganados de carga con bastimentos de comida para la gente, y municiones, herramientas y otros pertrechos para la facción y efecto que allí era menester, en lo cual y en lo demás acudió como soldado honrado a mi satisfacción; y así, habiendo necesitado de enviar persona de cuidado a Guancavélica, con orden mía al capitán Francisco Vélez de Guevara, para que al instante marchase con su compañía, a las dichas provincias, y le despaché al dicho alférez Alonso Díaz, por ser uno de los más confidentes de mi compañía, dándole así bien orden de que acudiese a otras cosas necesarias al servicio de Su Majestad que convenía hacer en la ciudad del Cuzco, y habiendo cumplido con todo lo que se le ordenó a mi voluntad; después tuve noticia que se quedó en la ciudad de Guamanga, donde por causas que ello le movieron descubrió ser mujer al obispo de la dicha ciudad de Guamanga, y que se llamaba doña Catalina de Erauso, cosa que hasta entonces jamás a mi noticia había venido, de que en mí y en todo el reino causó extraña admiración, particularmente por haberle visto acudir con esfuerzo varonil a todas las cosas que se encargaban en la milicia, sufriendo las necesidades de ella, y haberle conocido con mucha virtud y limpieza, sin haber entendido cosa en contrario; por todo lo cual es merecedora que Su Majestad le haga merced, y para que ello conste, de pedimento de la dicha doña Catalina de Erauso, que al presente está en la corte, di la presente, firmada de mi mano y sellada con el sello de mis armas, fecha en Madrid a 5 de setiembre de 1625 años. —Juan Recio de León.»

Fue ratificado en la anterior certificación en Madrid a 25 de octubre de 1625.

Lo relacionado es cierto, y lo inserto corresponde con los documentos referidos, a que me remito; y para que conste doy ésta a virtud de Real orden en Sevilla a 17 de noviembre de 1827. —José de la Higuera y Lara.

Libros a la carta

A la carta es un servicio especializado para
empresas,
librerías,
bibliotecas,
editoriales
y centros de enseñanza;
y permite confeccionar libros que, por su formato y concepción, sirven a los propósitos más específicos de estas instituciones.

Las empresas nos encargan ediciones personalizadas para marketing editorial o para regalos institucionales. Y los interesados solicitan, a título personal, ediciones antiguas, o no disponibles en el mercado; y las acompañan con notas y comentarios críticos.

Las ediciones tienen como apoyo un libro de estilo con todo tipo de referencias sobre los criterios de tratamiento tipográfico aplicados a nuestros libros que puede ser consultado en Linkgua-ediciones.com.

Linkgua edita por encargo diferentes versiones de una misma obra con distintos tratamientos ortotipográficos (actualizaciones de carácter divulgativo de un clásico, o versiones estrictamente fieles a la edición original de referencia).

Este servicio de ediciones a la carta le permitirá, si usted se dedica a la enseñanza, tener una forma de hacer pública su interpretación de un texto y, sobre una versión digitalizada «base», usted podrá introducir interpretaciones del texto fuente. Es un tópico que los profesores denuncien en clase los desmanes de una edición, o vayan comentando errores de interpretación de un texto y esta es una solución útil a esa necesidad del mundo académico.

Asimismo publicamos de manera sistemática, en un mismo catálogo, tesis doctorales y actas de congresos académicos, que son distribuidas a través de nuestra Web.

El servicio de «libros a la carta» funciona de dos formas.

1. Tenemos un fondo de libros digitalizados que usted puede personalizar en tiradas de al menos cinco ejemplares. Estas personalizaciones pueden ser de todo tipo: añadir notas de clase para uso de un grupo de estudiantes, introducir logos corporativos para uso con fines de marketing empresarial, etc. etc.

2. Buscamos libros descatalogados de otras editoriales y los reeditamos en tiradas cortas a petición de un cliente.

www.ingramcontent.com/pod-product-compliance
Lightning Source LLC
LaVergne TN
LVHW091636100826
845152LV00002B/52

* 9 7 8 8 4 9 9 5 3 6 6 9 9 *